Sr. Veronika Häusler

Mutig von Augenblick zu Augenblick

Louise von Marillac als Lebensbegleiterin

Sr. Veronika Häusler

Mutig von Augenblick zu Augenblick

Louise von Marillac als Lebensbegleiterin

Umschlagabbildung: Louise von Marillac (1591-1660)
Gemälde im Mutterhaus der Barmherzigen Schwestern, Paris

eos

mail@eos-verlag.de
www.eos-verlag.de

ISBN 978-3-8306-7418-4

Bibliografische Information der Deutschen Bibliothek
Die Deutsche Bibliothek verzeichnet diese Publikation in der Deutschen Nationalbibliografie; detaillierte bibliografische Angaben sind im Internet unter http://dnb.ddb.de abrufbar.

Druck und Bindung: EOS-Druck Sankt Ottilien
Printed in Germany

Vorwort

„Gehen Sie mutig von Augenblick zu Augenblick auf dem Weg, auf den Gott Sie gestellt hat, um zu ihm zu gelangen.“ *

So schreibt Louise 1653 an eine ihrer Schwestern. Dieses Wort ist mehr als ein frommer Wunsch, es ist das Konzentrat der Lebens- und Glaubenserfahrung der heiligen Louise von Marillac.

Es war kein leichter Weg, den sie selbst gehen musste, um zu dieser inneren Stärke zu finden. In ihren gut 68 Lebensjahren hatte sie Gelegenheit genug, ihre Lebensumstände schwierig zu finden, sich von den zahlreichen Stolpersteinen entmutigen zu lassen.

Das Erstaunliche ist: sie wurde eine Heilige.

Wenn wir uns mit ihrer Biographie, eingebettet in die Zeitgeschichte, beschäftigen, sehen wir, dass ihr von Brüchen und verschiedenartigen Lebensformen geprägter Werdegang den Erfahrungen vieler Menschen unserer Tage sehr nahe ist.

Wir bekommen eine Ahnung davon, wie sie es geschafft hat, an Widerständen und Rückschlägen zu wachsen und aus welchen Quellen sie dabei schöpfen konnte. Wir können nur staunen, wie vielfältig ihre Begabungen zur Entfaltung fanden.

Wir lassen uns von ihr zeigen, wie sie in der Beziehung zu Gott sich selbst und ihre Würde anzunehmen lernte und sie so, in Gott geborgen, seinen Willen zum roten Faden ihres Handelns machte. So konnte sich in Louises Zusammenwirken mit Vinzenz von Paul eine enorme Dynamik helfenden Daseins für die Anderen entwickeln.

Wir lernen Louise als typische und zugleich untypische Frau ihrer Zeit kennen, als stille Pionierin, die dem Engagement von Frauen in der Gesellschaft neue Wege bahnte, indem sie sie einfach ging.

Es ist ein Vergnügen und eine große Bereicherung, die Bekanntschaft mit Louise von Marillac zu machen.

Am Fest der heiligen Louise im Jubiläumsjahr
15. März 2010
Sr. M. Veronika Häusler

Inhalt

Louises Lebenswelt

Groß in Glanz und Elend – Frankreich im 16. und 17. Jahrhundert

Louise wird 1591 in eine Phase der kriegerischen Auseinandersetzungen hineingeboren, an denen Frankreich in vielfältigen Rollen beteiligt war. Seit der zweiten Hälfte des 16. Jahrhunderts wogt der Kampf um die Vormachtstellung in Europa. Zudem spitzt sich in der Folge des Todes König Heinrichs II. 1559 die innenpolitische und konfessionelle Lage so zu, dass 1562 die Religionskriege ausbrechen.[1] Es kommt zu einer Periode von acht Religionskriegen, die zunächst Bürgerkriege sind, sich dann aber durch die Unterstützung durch ausländische Mächte, v.a. Spanien unter Phillip II., ausweiten und neben dem konfessionellen Inhalt mehr und mehr zu machtpolitischen Auseinandersetzungen werden.

Eine dauerhafte Lösung erfahren diese Auseinandersetzungen durch die Regentschaft Heinrichs IV., der seit der Ermordung Heinrichs III. um seine Anerkennung als französischer König kämpft. Heinrich IV. ist zunächst Hugenottenführer. Als er Nachfolger von Heinrich III. werden soll, kann er sich aufgrund seiner protestantischen Herkunft nicht durchsetzen und konvertiert schließlich 1593 zum Katholizismus. In diesem Zusammenhang wird sein Ausspruch bekannt: „Paris vaut une Messe" – Paris ist eine Messe wert.[2]

Heinrich IV. erwirkt 1598 das Edikt von Nantes, das den Hugenotten im katholischen Frankreich Toleranz zusichert. „In dem Erlass wurde das katholische Bekenntnis als Staatsreligion bestätigt, den französischen Calvinisten aber dessen ungeachtet die freie Religionsausübung und eine politische Sonderstellung eingeräumt."[3]

Frankreich, gebeutelt von Bürgerkriegen und Hungersnöten, hat 30-40% seiner Bewohner verloren, die Kindersterblichkeit liegt bei 50% und die durchschnittliche Lebenserwartung in der Landbevölkerung bei etwa 25 Jahren.[4]

Vor diesem Hintergrund verwundert es nicht, dass Heinrich IV. der „gute König Heinrich" genannt wird: Er leitet innenpolitisch eine Konsolidierungsphase ein, ermöglicht eine Erleichterung der Steuerlasten und fördert so ein wirtschaftliches Aufatmen.

1610 fällt Heinrich IV. einem Attentat zum Opfer. Da der Thronfolger, Ludwig XIII. erst neun Jahre alt ist, übernimmt Maria von Medici, die Witwe Heinrichs IV., die Regentschaft.

Heinrich hatte, um sich der Umklammerung der Habsburger zu entziehen, eine Bündnispolitik mit den deutschen protestantischen Fürsten sowie mit Holland und England vorangetrieben. Dies ändert sich unter Marias Regentschaft: hier gibt die so genannte „parti dévot" die Marschrichtung vor. In dieser prokatholischen Partei schließen sich Anhänger der Heiligen Liga[5], die Jesuiten und Vertreter anderer Orden zusammen und unterstützen eine prohabsburgische Politik.[6]

Maria stützt sich in ihrer Politik auf den Italiener Concino Concini, was vor allem den Adel gegen sie aufbringt. In der Folge sympathisieren einige Adelige mit den Protestanten, deren Verdrängung das Anliegen der Regentin und ihrer Partei ist. Concini arrangiert die Heirat von Ludwig XIII. mit Anna von Österreich, einer Tochter des spanischen Königs.

Ludwig XIII. greift 1617 selbst in das Geschehen ein. Er lässt Concini verhaften und später ermorden, seine Mutter schickt er ins Exil nach Blois. Er ruft viele der Berater seines Vaters Heinrich in ihre Ämter zurück, führt allerdings auch den antiprotestantischen Kurs fort.

1624 übernimmt Kardinal Richelieu (Armand Jean du Plessis, Herzog von Richelieu, 1585-1642) die Geschäfte des Ersten Ministers.[7] Von da an bestimmt er maßgeblich den Lauf der Geschichte Frankreichs mit. Er ist ein Protégé der Regentin Maria von Medici und geprägt von den Idealen der Liga, die „Devoten" fördern seinen Aufstieg. Zunächst agiert auch er gegen die Protestanten, da sich im Gefolge des Edikts von Nantes ein „protestantischer Staat im Staat"[8] gebildet hatte, der durch Bündnisse mit ausländischen Mächten, v.a. England und Spanien, die Sicherheit Frankreichs gefährdet. Richelieu sieht sich gezwungen, die politische Organisation der Hugenotten zu zerschlagen (Einnahme von La Rochelle 1628). „Nach 1629 ließ Richelieu die Protestanten in Ruhe, und während der folgenden Jahrzehnte wurden sie weit weniger ungerecht behandelt als es im vorhergehenden Jahrhundert der Fall gewesen war."[9]

Im Verlauf des Dreißigjährigen Krieges unterstützt er ab 1634 – damit in Gegensatz zu seinen einstigen Unterstützern tretend – die protestantischen Fürsten Deutschlands, um der habsburgischen Vormacht zu entgehen. 1635 erklärt er Spanien den Krieg, Österreich antwortet mit einer Kriegserklärung an Frankreich.

„Richelieu ließ sich im Laufe seiner Regierung von der Staatsräson leiten, derzufolge alle Glaubensfragen, alles Weltanschauliche und Persönliche dem Interesse des Staates untergeordnet wurde."[10] Der mächtige Kardinal hat viele Feinde. 1630 kommt es zu einer groß angelegten Auflehnung unter Beteiligung der Königinmutter und seines Bruders, des Duc d'Orléans, gegen Richelieu, die mit dem „Tag der Geprellten" endet. Richelieu reißt die Macht wieder an sich.

Maria verlässt Frankreich, der Bruder des Königs geht vorübergehend ins Exil. 1632 und 1642 unternimmt er nochmals zwei – wieder erfolglose – Versuche, Richelieu zu stürzen. Dieser stirbt 1642, Ludwig XIII. ein Jahr später.

Damit ist der unter Richelieu gefestigte Stand der Monarchie wiederum labilisiert; Anna von Österreich übernimmt die Regentschaft für ihren erst 5 Jahre alten Sohn Ludwig XIV. Ihr zur Seite steht der neue Erste Minister Jules Mazarin (1602-1661). Mazarin führt die Politik seines Vorgängers und Förderers weiter. Der Westfälische Friede 1648 bringt zum einen den Frieden nach dem Dreißigjährigen Krieg, Frankreich zudem aufgrund von Abtretungsforderungen zum ersten Mal eine Ausdehnung bis ans Rheinufer über die Zuerkennung des Elsass.

„Von da an hatte Frankreich die Autorität, jeglichen Versuch Habsburgs, die kaiserliche Macht über Deutschland hinaus auszudehnen, zu unterbinden. Von all den Hauptbeteiligten verlor Frankreich eindeutig am wenigsten und gewann das meiste am Dreißigjährigen Krieg."[11]

Mazarin erhöht wiederum die Steuerlast, die sich bereits unter Richelieu nahezu verdreifacht hatte, um einen drohenden Staatsbankrott abzuwenden, der Folge der enormen Kriegsausgaben war. Die Bedrückung schürt den Rebellionsgeist. Zur Verschlimmerung der Stimmung trägt sicher bei, dass er selbst ein extravagantes Leben auf Kosten der Armen führt.

Ein Aufstand der Pariser Bevölkerung 1648 löst die erste Welle der so genannten Fronde (= Schleuder)[12] aus. Anna von Österreich und ihr Sohn fliehen aus der Stadt.

„Die Fronde, die 1648 unter Mazarin in Paris ausbrach, brachte deutlich die Stimmung der oppositionellen Kräfte zum Ausdruck. Die Fronde stellte eine Reaktion auf die Unterdrückung von Hochadel und Parlament durch Richelieu und Mazarin dar. Die oppositionellen Kräfte nutzten die momentane Schwäche des Königtums infolge der Minderjährigkeit Ludwig XIV. und der Regentschaft Annas von Österreich zusammen mit Mazarin. ... Die Fronde des Hochadels breitete sich auch auf einige Provinzen aus, wie die Normandie und die Champagne. Die Unruhen steigerten sich zu einem regelrechten Bürgerkrieg."[13]

Im Jahr 1650 greift Spanien in die Fronde ein und schlägt sich auf die Seite der Königin. 1652 kehrt Ludwig XIV. – inzwischen 14 Jahre alt – unter großem Jubel der Bevölkerung nach Paris zurück und übernimmt die Regentschaft. Die Fronde in der Hauptstadt ist damit zu Ende. Noch lange allerdings belasten die Nachwirkungen des Krieges die Menschen: Armut und Elend, Bettelei und Krankheiten.

Zudem ziehen sich die Kämpfe auf dem Land noch länger hin. 1656 lodern die Kämpfe ein weiteres Mal auf. Erst nach der entscheidenden Schlacht bei Dünkirchen 1658 ist ein dauerhafter Frieden möglich – zusätzlich besiegelt durch die Heirat zwischen Ludwig XIV. und der spanischen Infantin Maria Teresa.

Nach dem Tod Mazarins 1661 nimmt Ludwig XIV. die Zügel der Macht vollständig in seine eigenen Hände und wird als „Sonnenkönig" zum Inbegriff des absolutistischen Herrschers.

„Nach den Erschütterungen der Religionskriege waren große Teile des Volkes in Frankreich weithin bereit, sich einer starken Staatsgewalt zu unterwerfen, die nicht einer bestimmten Adelspartei oder einer Konfession verpflichtet war, sondern die zum Wohle des Ganzen wirkte und den schädlichen Egoismus einzelner Gruppen bändigte. So stammte die klassische Darstellung des neuen Staates von einem Franzosen, Jean Bodin; ... Für Bodin war die Staats- und Herrschergewalt gleichbedeutend mit der absoluten Gewalt, die von aller Bindung an die Gesetze „losgelöst“ ist: „legibus absoluta“. Der Träger dieser Gewalt hat die Aufgabe, eine feste Ordnung zu errichten und zu erhalten; sein Wille lenkt das Leben der Untertanen ohne deren Mitwirken.“[14]

Auf Tuchfühlung mit den ganz Großen – Die Familie de Marillac

Louise wird in das bedeutende Geschlecht de Marillac hineingeboren, dessen Schicksal im 16. und 17. Jahrhundert eng mit der französischen Politik verknüpft ist.

In der Lebensgeschichte Louises werden neben ihrem Vater, Louis de Marillac, vor allem ihre beiden Onkel, Michel de Marillac (1553-1632), Bruder ihres Vaters, und Jean Louis de Marillac, Graf von Beaumont (1573-1632), Sohn aus zweiter Ehe des Großvaters, bedeutsam. Beide bekleiden hohe Staatsämter.

Michel sichert sich seinen Aufstieg unter Maria von Medici, der er treu ergeben ist. Geprägt von einem leidenschaftlichen Katholizismus und der Sache der Liga verschrieben, wird er 1626 Kanzler und 1630 Siegelbewahrer des Reiches. Sein Ehrgeiz verwickelt ihn in eine

Verschwörung gegen Richelieu, dessen Stelle er im Erfolgsfall einnehmen sollte. Während einer Krankheit des Königs verbündet sich Maria von Medici mit dem Bruder des Königs, dem Kanzler und Siegelbewahrer Michel de Marillac und seinem Halbbruder Jean Louis, Marschall von Frankreich. Dem Plan, den mächtigen Kardinal zu stürzen, ist lediglich 48 Stunden lang Erfolg vergönnt, so lange ist Michel de Marillac Erster Minister, bevor er am 16. November 1630, dem Tag der Geprellten, verhaftet wird. Richelieu bringt die Situation wieder unter seine Kontrolle.

„Es fiel Marillac schwer, sich zu ergeben. Seine Mystikerseele indes fand in der Prüfung das Gleichgewicht zurück. Er hatte an der Errichtung des Karmel in Frankreich regen Anteil genommen, und niemals hatte er aufgehört, ein Mann des Gebetes zu sein. In der Gefangenschaft zu Châteaudun vertiefte er sich in die Übersetzung der Bußpsalmen und der Nachfolge Christi und lebte in den Gedanken, die diese großen Texte ihm zutrugen. 1632 starb er, ein Franzose von hoher Geistigkeit, rätselhaft durch seine Widersprüche, die man gern nur ergänzende Kontraste nennen möchte, machtvoll in seinem Tun und in seiner Rechtschaffenheit.“[15]

Louise von Marillac ist diesem Onkel sehr verbunden und führt zeitweise einen regen Briefwechsel mit ihm. Vergeblich versucht sie, auf seine Freilassung hinzuwirken.

Der zweite berühmte und einflussreiche de Marillac ist Jean Louis, der Graf von Beaumont. Er macht Karriere in der Armee. „Im Waffenhandwerk, dem er sich zuwandte, bewies er weniger Geschick als Tollkühnheit.“[16] Er heiratet Katharina von Medici, die Tante der Königin Maria von Medici, mit der Louise befreundet ist, und wird 1629 zum Marschall von Frankreich ernannt. Im Zuge der Verschwörung gegen Richelieu wird er gefangen genommen und nach einem Prozess, der sich über zwei Jahre erstreckt, zum Tod verurteilt. Die Hinrichtung findet am 10. Mai 1632 öffentlichkeitswirksam auf der Place de Grève in Paris statt. Nach dem Tod Richelieus wird Louis de Marillac vom Parlament feierlich rehabilitiert.

Dass das Bangen und schließlich das gewaltsame Ende ihres Verwandten Louise schwer belastet, ersehen wir aus einem Trostbrief, den Vinzenz von Paul ihr nach dem Tod ihres Onkels Louis de Marillac schreibt:

„Was Sie mir vom Herrn Marschall von Marillac mitteilen, scheint mir großes Mitleid zu verdienen und betrübt mich sehr. Verehren wir darin das Wohlgefallen Gottes und das Glück jener, die die Marter des Sohnes Gottes durch ihre eigenen ehren. Es hat für uns nichts zu bedeuten, wie unsere Verwandten zu Gott gehen, wenn sie nur zu ihm gehen. Nun denn, der gute Gebrauch von dieser Todesart ist einer der sichersten Wege zum ewigen Leben. Klagen wir also nicht darüber, sondern ergeben wir uns in den anbetungswürdigen Willen Gottes.“[17]

Wege aus der Zerrissenheit – Glaubensleben nach der Reformation

Nach den Auseinandersetzungen mit den Hugenotten ist Frankreich innerlich zerrissen. Die Ämter der Kirche werden oft als Weg zur Karriere gesehen, die Seelsorge und die Stabilisierung des durch die Reformation geschwächten katholischen Glaubens bleiben auf der Strecke. Die Versuchung, aus der Suche nach den verlorenen Sicherheiten heraus den Glauben als die Summe von zu erfüllenden Regeln zu betrachten, ist groß, da sich „manche negativen Züge der mittelalterlichen Spiritualität“[18] verdichten. So bleibt die Androhung der Strafen und Qualen der Hölle ein verbreitetes Mittel, das zum Schutz des rechten Glaubens eingesetzt wird.

Das Reformkonzil von Trient (1548-1563) setzt hier neue Impulse. „Es gibt dem Menschen ein positives Lebensgefühl: Der Mensch ist durch die Erbsünde nicht völlig gebrochen, sondern von Gottes Gnade für immer geheilt, wenn er sich um das Bleiben in dieser Gnade bemüht. In der Selbstzucht der Askese, des Verzichtens und des Beherrschens des Trieblebens erringt er sein Heil, freilich nur, wenn er von der ihm angebotenen Hilfe der Gnade Gebrauch macht.“[19]

Die Umsetzung der Konzilsbeschlüsse löst eine kraftvolle Reformbewegung aus, die besonders dem geistlichen Leben ein lebhaftes Interesse entgegenbringt. Dies zeigt sich z.B. an der Einführung von Ordensgemeinschaften, die in anderen Ländern bereits reformiert worden waren (wie z.B. der Karmel in Spanien). „In Paris entstand um 1600 das sogenannte ‹milieu dévot›, eine äußerst eifrige und katholische Gruppe um Madame Acarie, die eine wirkliche Erneuerung des Katholizismus in Frankreich herbeiführte.“[20] Auch Michel de Marillac ist ein engagierter Mitgestalter dieser neuen Frömmigkeit, er trifft sich regelmäßig mit Madame Acarie und weiteren einflussreichen Mitgliedern dieses Kreises, wie Pierre de Bérulle (1575-1629), der auch Vinzenz von Paul nachhaltig prägt. Auf ihn geht die „Französische Schule“ zurück, die wesentlich der spirituellen Erneuerungsbewegung ihr Gesicht gibt.

„Durch ein Studium der Schriften und der Tradition seines Werkes kristallisieren sich einige Schlüsselprinzipien als Prüfsteine seiner Spiritualität heraus, die mit einigen Nuancen, die seine Nachfolger eingebracht haben, die Hauptmerkmale der Französischen Schule der Spiritualität wurden: theozentrisch und trinitarisch, christozentrisch, marianisch, pastoral und kirchlich."[21] Diese Elemente finden wir im Glaubensleben Louises wieder.

Bérulle legt einen Schwerpunkt auf die geistliche Erneuerung des Klerus, gleichzeitig bekommen die Laien ein ganz neues Gewicht. Das Gebetsleben, das die französische Schule pflegt, verbindet kontemplative Elemente mit dem Aufruf zum Handeln.

Die verfeinerte Wahrnehmungsfähigkeit für das, was in der Seele des Menschen in der Beziehung zu Gott geschehen kann, im Blick auf Jesus, den menschgewordenen Gottessohn, den es nachzuahmen gilt, schärft die Wachheit für die Bedürftigkeit der Anderen im konkreten Lebensumfeld.

Louises Lebensweg

Ein liebevoller Vater und eine fürsorgliche Dominikanerin – Kindheit und Jugend

Louises Vater ist als Bruder des einflussreichen Michel de Marillac dem Leben am Hof zwar verbunden, steht aber nicht in gleicher Weise in der Öffentlichkeit wie dieser und sein Halbbruder Jean Louis.

„Er steht ein wenig im Schatten seiner Brüder, obschon er schön und geistvoll war, dazu phantasiebegabt und ein sehr galanter Mann. Er wandte sich dem Waffendienst zu. Wir sehen ihn als Hauptmann der Leibwache des Königshauses, aber eine besondere Heldentat wird von ihm nicht berichtet."[22] Seine erste Ehe mit Marie de la Rozière bleibt kinderlos, sie stirbt 1589; eine zweite Ehe schließt er 1595 mit Antoinette le Camus.

Da Louise 1591 geboren wird, stammt sie aus einer nicht ehelichen Verbindung ihres Vaters. Es existiert keine Geburts- oder Taufurkunde, die Identität der Mutter bleibt unbekannt.[23] Auch der Geburtsort ist ungewiss; genannt wird Paris, das sich zu der Zeit jedoch im Belagerungszustand befindet oder der Sitz ihres Vaters in Ferrières. Bereits wenige Tage nach ihrer Geburt legt der Vater in einem notariellen Akt eine jährliche Rente und einen Anteil an seinen Ländereien für seine Tochter fest. Vor seiner zweiten Heirat lässt er ein weiteres Mal eine Verfügung zu Gunsten seiner Tochter notariell festlegen:

„Von den allhier gegenwärtigen Toussaint Gleaume und Claude Trouvé, Notaren des Königs, unseres gnädigen Herrn, in seinem Amtshaus zu Paris, wie unterzeichnet, war in Person zugegen Loys von Marillac, ritterbürtig, wohnhaft zu Paris, Straße St. Anton, Pfarrei St. Paul;

derselbige gibt durch dies allhier Vorliegende kund und zu wissen, dass er als unwiderrufliche Schenkung Louise von Marillac, seiner natürlichen Tochter, hier nicht zugegen, dreiundachtzig Silbertaler, Eindrittelstück Goldtaler als jährliche und ewige Rente überschrieben hat. Dies ist gesprochen und geschehen aus treuer Liebe, wie er sie allezeit für die Obgenannte hegte und hegt, damit sie nach dem Hinscheiden des obgenannten Gebers besser für ihren Unterhalt gerüstet sei und eine Heiratsaussteuer habe."[24]

Aus der nicht üblichen Anerkennung als „natürliche Tochter" und der Sorge um die finanzielle Absicherung ist die liebende Verbundenheit des Vaters mit seiner Tochter abzulesen. Beide pflegen ein inniges Verhältnis, das auch bestehen bleibt, als Louise zur Erziehung in das Dominikanerinnenkloster Poissy gegeben wird. Auch hier ist der genaue Zeitpunkt nicht nachzuweisen. Allerdings ist zu vermuten, dass die Veränderung im Zug der neuen Heirat des Herrn von Marillac mit der Witwe Antoinette le Camus geschieht, die selbst vier Kinder[25] mit in den neuen Haushalt bringt und zudem der Tochter Innocente im Jahr 1601 das Leben schenkt.

In Poissy erwartet Louise die Obhut und Fürsorge einer Verwandten, der Cousine ihres Vaters, Catherine Louise de Marillac.

„Wahrscheinlich war sie die Patin der kleinen Louise. Ihre Zeitgenossen rühmen sie als Frau voll Frömmigkeit und Weisheit, mit ausgeprägtem Sinn für Dichtung und Kunst. Diese verständnisvolle, mütterliche Frau nahm die Formung und Ausbildung des Kindes Louise in die Hand, immer im Einverständnis mit Herrn von Marillac, der trotz der familiären Eingeengtheiten seiner Tochter die bestmögliche Erziehung vermitteln wollte."[26] Der Vater übernimmt zudem selbst einen Teil des Unterrichts seiner Tochter, den gesellschaftlichen Vorurteilen zum Trotz.

Louise lernt mit einer großen Begabung, sie „erfährt eine liberale Erziehung in den Künsten, die die der meisten Mädchen ihrer Zeit übersteigt und durch die in ihr eine solide Spiritualität grundgelegt wird. ... In diesem Umfeld studiert die junge Louise Literatur, Kunst und Latein."[27] Zudem lernt Louise zu malen.

Doch Louises vergleichsweise ungetrübtes Leben, das wohl in Poissy behüteter verläuft als im Hauhalt ihres Vaters, der aufgrund des aufwendigen Lebensstils seiner Gattin sogar einen Prozess gegen sie anstrengen muss[28], dauert nur bis zu ihrem 12. Lebensjahr; wohl aus Geldnot wechselt Louise in ein bescheidenes Internat zu einer „armen Demoiselle". Dort erwirbt sie neue Fertigkeiten: das Führen eines Haushaltes und Handarbeiten. Mit wachem Blick erkennt sie die Armut der Internatsmutter und findet Wege, diese zu erleichtern. Eine Mitschwester berichtet später davon: „Sie erzählte uns mehr als einmal, dass sie in ihrer Jugend mit anderen Mädchen in einem Internat war, das einer guten frommen Frau gehörte. Sie bemerkte, dass diese Frau arm war und selber ihren Lebensunterhalt verdienen musste und dass sie, Louise, ihre Gefährtinnen dazu veranlasste, dasselbe zu tun. Louise verrichtete die einfachsten Hausarbeiten für sie; sie hackte das Holz und übernahm andere schwere Arbeiten."[29] Zudem verdienen die Mädchen durch den Verkauf selbst angefertigter Spitzen dazu.

Ein herber Schlag trifft Louise, als ihr Vater am 25. Juli 1604 stirbt. Er kann in seinem Testament von der fast Dreizehnjährigen sagen: „Sie war mein größter Trost auf der Welt. Sie wurde mir von Gott gegeben für die Ruhe meines Geistes in den Kümmernissen des Lebens.“[30]

Der weitere Lebensweg scheint unklar, die Familie kümmert sich zunächst nicht um die uneheliche Verwandte. Ihr Wunsch, den sie in ein privates Gelöbnis fasst, Kapuzinerin zu werden, scheitert an der Absage des Provinzials. Er traut ihr das harte Leben der Töchter der Passion aufgrund ihrer schwachen Gesundheit nicht zu. Mit seinem Nein verbaut er ihr den ersehnten Lebensweg– und öffnet ihn doch in einer noch nicht erkennbaren Weise, indem er ihr sagt: „Ich glaube ... Gott hat andere Absichten über Sie.“[31]

Die Familie hat ein Wörtchen mitzureden – Ehe und Mutterschaft

Zunächst wird jedoch die Familie aktiv. Louise wohnt bei ihrer Tante Valence d'Attichy; wann sie das Internat verlassen hat, ist nicht bekannt. Valence ist die Schwester des Marschalls von Frankreich und verheiratet mit Octavien d'Attichy, einem königlichen Rat und Finanzintendanten.

Aufgrund der familiären Beziehungen lässt sich eine anständige Partie für die uneheliche Verwandte arrangieren. Die Wahl fällt auf Antoine Le Gras, der zwar dem Großbürgertum zugehörte (deshalb wird Louise lebenslang mit dem bürgerlichen Titel Mademoiselle anstatt Madame angesprochen[32]), aber als Sekretär der Königin doch eine respektable Stellung innehat. Was Louise von ihrem künftigen Gatten hält, ist nicht überliefert, auch seine Person bleibt eher unbekannt: „Von Anton Le Gras wird nicht viel berichtet, außer dass er von schwankender Gesundheit war und von reizbarem Charakter. Er scheint etwas lahmen Geistes gewesen zu sein, eher geneigt, sich kleinen Dingen, wenn auch mit Sorgfalt, zuzuwenden, als große aufzugreifen."[33]

Der Ehekontrakt, der am 4. Februar 1613 unterzeichnet wird, gibt nochmals Zeugnis von den schwierigen gesellschaftlichen Verflechtungen, in die Louise durch ihre uneheliche Geburt eingezwängt ist. Ausdrücklich wird sie als natürliche Tochter ihres Vaters ohne Angabe zur Person der Mutter benannt, die anwesenden Verwandten werden als „gemeinsame Freunde der obgenannten künftigen Ehegatten"[34] bezeichnet, die volle Anerkennung bleibt ihr somit verweigert. Die kirchliche Trauung findet am Folgetag in der Pfarrkirche St. Gervais in Paris statt. Die Anfangszeiten der Ehe scheinen von einer freudigen Aufbruchstimmung gekennzeichnet zu sein. Durch die Kontakte zum Hof gehört das Paar in den festen Zirkel der Königinmutter und ist damit ins gesellschaftliche Leben integriert. Ein Umzug in das Adelsviertel Marais findet statt, das Haus wird großzügig umgebaut und „als Zeichen der Vornehmheit"[35] mit einem kleinen Turm versehen.

Am 19. Oktober 1613 kommt der Sohn Michel-Antoine zur Welt. Bald wird erkennbar, dass seine Entwicklung langsam und schwerfällig verläuft – Louise wird ihr Leben lang um ihn besorgt bleiben.

Weitere Schwierigkeiten kommen auf die Familie zu: im Zug der politischen Verstrickungen wird die Königinmutter verbannt, eine Zeit lang ist es fraglich, ob die Le Gras ihr folgen müssen.

1615 stirbt Octavien d'Attichy, seine Frau 1617. Die Sorge um ihre sieben Kinder übernehmen Louise und Antoine und sind damit vor allem finanziell überfordert. Die Situation ist für die beiden Eheleute schwierig, und das Verhältnis mit den Verwandten bleibt auch später für Louise nicht ohne Belastung. Im Jahr 1643 wird aus einem Briefwechsel deutlich, dass zwei dieser Familienmitglieder Louise Vorwürfe machen, sie kümmere sich zu wenig um ihren Sohn. Darauf schreibt sie an Vinzenz: „*Was ich unternahm, war zwei Tage später an Pater d'Attichy*[36] *zu schreiben, um ihm mitzuteilen, dass die einzige mütterliche Pflicht, die ich an meinem Sohn scheinbar nicht erfüllt habe, die ist, ihm nicht mitgeteilt zu haben, dass mein Mann gegen Ende seines Lebens all seine Zeit und all sein Leben dafür eingesetzt hatte, sich um die Angelegenheiten der Familie d'Attichy zu kümmern, während er die seiner eigenen Familie völlig vernachlässigt hat.*“[37] An dieser Stelle erwähnt Louise nicht, dass er dafür auch sein eigenes Vermögen aufgezehrt hat.

Diese Überbeanspruchung trägt sicher dazu bei, dass Antoine im Jahr 1621 erkrankt und sich in den folgenden Jahren nicht mehr gänzlich erholen wird. Welche Art der Erkrankung bei ihm vorliegt, ist nicht mit letzter Sicherheit zu sagen, es lässt sich jedoch eine Tuberkulose vermuten.[38] In dieser Zeit verändert er sich auch in seiner Persönlichkeit, was die Beziehung der Eheleute zusätzlich belastet.[39] Schließlich wird er voll pflegebedürftig und Louise übernimmt diese Aufgabe.

Und es wurde Licht – Lebenskrise und Pfingstereignis

Ein in seiner Entwicklung gestörtes Kind, ein kranker und schwieriger Mann, finanzielle Schwierigkeiten mit sieben Waisenkindern, unsichere politische Bedingungen, von denen die berufliche Existenz des Mannes bedroht ist – das sind die Schwierigkeiten, in denen Louise sich wiederfindet. Zunächst versucht sie, über ein minutiös geplantes geistliches Leben Halt zu gewinnen. Zwei ihrer Bediensteten wählen, durch ihr Vorbild angeregt, den Weg ins Ordensleben[40], sie selbst aber gerät mehr und mehr in eine ernste Krise. Versuche ihres Onkels Michel, sie zu ermutigen, vertieften eher ihre Ängste und Skrupel. Der Bischof von Belley, Jean Pierre Camus, wird ihr geistlicher Begleiter, seine Hilfestellung erleichtert Louise zunächst, kann sie aber nicht wirklich auffangen. Sie kommt zu der Überzeugung, sie sei die Ursache der unheilvollen Entwicklungen in ihrer Familie, sie betrachtet ihre Situation als Strafe Gottes für ihr nicht eingelöstes Gelübde, Ordensfrau zu werden. Sie ringt mit sich, ob sie die Familie verlassen soll – und kann sich doch nicht dazu entscheiden, da Mann und Kind auf sie angewiesen sind. Camus schreibt ihr: „Die geistige Anspannung, in der Sie durch die Krankheit Ihres lieben Gatten sind, fühle ich mit Ihnen. Aber nun, dies ist Ihr Kreuz. Darf ich mich grämen, wenn ich es auf der Schulter einer Tochter des Kreuzes sehe? Es fehlt Ihnen, um es recht zu tragen, weder an Kraft noch an Rat, noch an Büchern, noch an Geist. Wolle Gott, dass es Ihnen auch nicht an Mut fehle!“[41] Bischof Camus gewährt Louise und Antoine zudem die Erlaubnis, die gesamte heilige Schrift in Französisch zu lesen, was zur damaligen Zeit eine Besonderheit ist.

Tiefen Eindruck machen auf Louise die Begegnungen mit Franz von Sales, den sie bei seinem Besuch in Paris in ihrem Haus empfängt (1618 und 1619). Seine Seelenruhe und Güte werden für sie eine Kraftquelle. 1622 stirbt er. Ihr Leben lang wird sie sich immer wieder im Gebet an ihn wenden und ihn „den seligen Vater“ nennen.

Bei allen Versuchen, Hilfe zu finden, bleibt Louise doch allein auf sich gestellt und in ihrer Dunkelheit verfangen. Sie beschreibt ihre Erfahrung:

„Am Tag der heiligen Monika, 1623, ließ mich Gott in seiner Gnade das Gelübde ewiger Witwenschaft ablegen, falls mein Gatte von Gott abgerufen würde. Am folgenden Himmelfahrtstag geriet ich in eine tiefe geistige Niedergeschlagenheit, die bis Pfingsten andauerte. Es quälte mich der Zweifel, ob ich meinen Gatten verlassen sollte, wie es mein Wunsch war, um mein früheres Gelübde wieder aufzugreifen und mehr Freiheit zu haben, Gott und dem Nächsten zu dienen. Ich war auch im Zweifel, ob die Anhänglichkeit an meinen geistlichen Führer mich hinderte, einen anderen zu nehmen, obwohl ich ihn, wie ich meinte, aufgeben sollte. Große Qual verursachte mir auch der Zweifel an der Unsterblichkeit der Seele. Diese dreifache Unsicherheit versetzte meine Seele in Ängste, wie sie, so scheint mir, unvorstellbar sind.“[42]

Als alle Hoffnung auf die Bewältigung der Krise aus eigener Kraft und mit gut gemeinten menschlichen Ratschlägen endgültig zerbrochen ist, greift Gott selbst ein. Louise hat die Erfahrung des „Pfingstereignisses“, die sie selbst „Lumière“ nennt, folgendermaßen festgehalten:

„Am Pfingsttag während der heiligen Messe oder der Betrachtung in der Kirche[43] *wurde mein Geist plötzlich über seine Zweifel erleuchtet. Es wurde mir klar, dass ich bei meinem Gatten bleiben müsse und dass eine Zeit kommen und ich imstande sein würde, Armut, Keuschheit und Gehorsam zu geloben, und dass ich in einer kleinen Gemeinschaft*

leben würde, in der einige dasselbe täten. Und ich begriff, dass ich dann an einem Ort sein würde, um dem Nächsten zu dienen.

Doch ich konnte nicht begreifen, wie das alles möglich sein sollte, weil da ein Kommen und Gehen sein muss. Es wurde mir noch deutlich, dass ich wegen meines Seelenführers ruhig bleiben sollte und dass Gott mir einen geben würde, den er mich auch sehen ließ, wie mir scheint, und ich empfand ein Widerstreben, ihn anzunehmen. Dennoch nahm ich ihn an, weil, wie mir schien, der Wechsel noch nicht gleich vollzogen werden musste.

Meine dritte Pein wurde mir durch die Gewissheit genommen, die ich in meinem Geist empfand: Gott war es, der mich über alles unterwies, und da es einen Gott gibt, durfte ich am übrigen nicht zweifeln. Ich habe immer geglaubt, dass ich diese Gnade durch den seligen Bischof von Genf empfing; denn vor seinem Tode hatte ich den großen Wunsch gehabt, ihm diese Ängste mitzuteilen. Ich hatte eine große Verehrung für ihn. Durch seine Vermittlung habe ich viele Gnaden empfangen.“[44]

Rein äußerlich ändert sich an Louises Situation nichts, aber sie hat eine neue Freiheit gefunden, sich aus den Verstrickungen zu lösen, um sie so neu und bewusst annehmen zu können. Dabei bleiben manche der Inhalte ihres „Lichtes“ zunächst noch umrisshaft stehen: das „Kommen und Gehen“ der Gleichgesinnten beispielsweise ist in einer Situation, in der Leben nach Gelübden immer mit der Klausur verbunden ist, nicht vorstellbar. Aber Louise findet zu einer inneren Geduld, Gott Schritt für Schritt zu folgen.

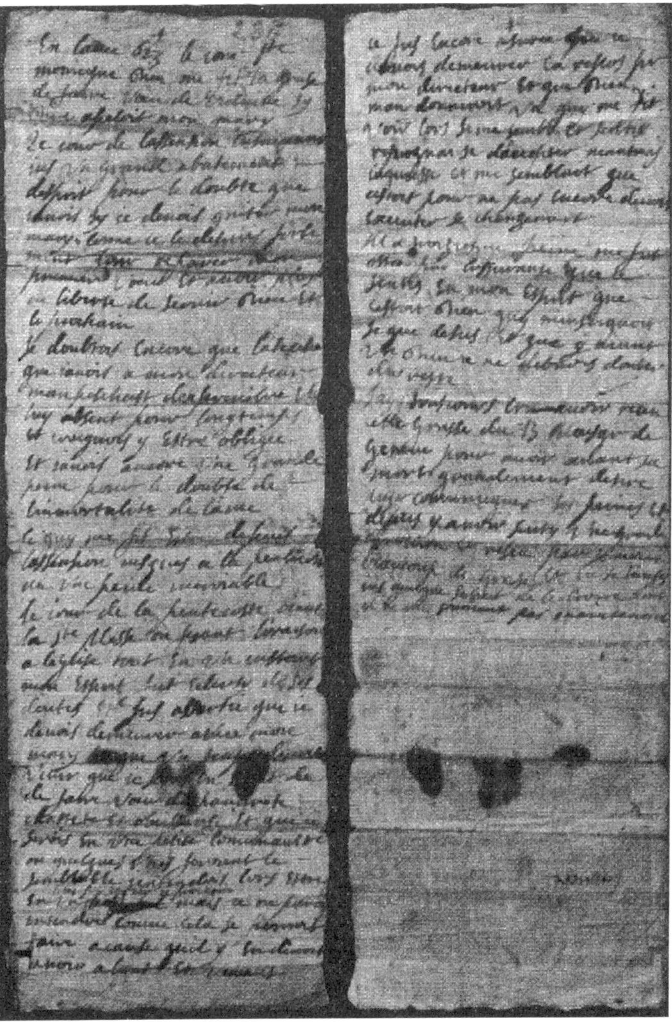

Niederschrift des Pfingstereignisses

Herr Vinzenz betritt die Baustelle – Witwenschaft und Neuorientierung

Die erste Erfüllung zeigt sich ihr, als ein Wechsel ihres Seelenführers stattfinden muss. Bischof Camus sieht sich gezwungen, vor Ort in seiner Diözese zu sein, und die Distanz von ca. 300 Kilometern erlaubt es ihm nicht mehr, regelmäßig nach Paris zu reisen. Vermutlich schlägt er selbst seinen Nachfolger vor. Auch hier läuft die Vermittlung über Franz von Sales: sowohl Camus als auch Vinzenz von Paul hatten ihn gut gekannt und sehr geschätzt. Vinzenz hatte auf seine Bitte hin die geistliche Leitung der Visitandinnen übernommen. Nun soll er also die Seelenführung von Mademoiselle Le Gras übernehmen – und ist davon alles andere als begeistert.

Zum einen hatte er selbst bereits anstrengende Erfahrungen mit hochsensiblen religiösen Frauen gemacht[45], zudem ist er mit dem Aufbau der Caritasvereine und der Kongregation der Mission voll ausgelastet. Auch Louise spürt zunächst deutlich das Widerstreben, das sie im Pfingstereignis beschrieben hat. Dennoch lassen sich beide auf den Anruf ein.

„Auf diese Weise übernahm Vinzenz Ende 1623 oder Anfang 1624 seine lebenslange Sorge um Louises Seele. Durch ihre persönlichen Verluste und ihre Ängstlichkeiten würde er sie mit gütiger Festigkeit führen; er würde ihre Talente für den Armendienst erkennen und in die richtige Richtung leiten. Sie für ihren Teil würde ihn unterstützen, liebenswürdig herausfordern und sein Wohlergehen und sein Wirken zu ihrem Anliegen machen. Gott hatte zwei Seelen zusammengebracht, die eine ‹dunkle Nacht› erfahren hatten und die vom Licht

Louise wird Vinzenz von Paul vorgestellt.
Die Bildunterschrift lautet: „Louise von Marillac wird von ihrem Vater im Schloss von Clichy Herrn Vinzenz vorgestellt". Diese Darstellung in einem Glasfenster in der Pfarrkirche von Clichy ist legendarisch – Louises Begegnung (deren genauer Hergang und Ort nicht überliefert sind) ist in den Jahren 1624/1625 anzusetzen; Louis de Marillac starb 1604.

und vom Feuer des Heiligen Geistes – der Liebe Gottes – brennen würden."[46]

Am 21. Dezember 1625 stirbt Antoine nach einer langen Phase der Krankheit, in der ihn Louise einfühlsam und bis in den Tod hinein begleitet. Da durch die Sorge um die Kinder der d'Attichys und die Krankheit ihres Mannes die finanzielle Lage angespannt ist, zieht Louise in ein bescheideneres Stadtviertel um. Die Entwicklung ihres Sohnes verläuft positiv, er wird durch Vermittlung von Vinzenz in ein religiöses Seminar aufgenommen, da er Neigung zum Priestertum verspürt. Immer wieder jedoch wird Vinzenz sie ermahnen müssen, ihn sein eigenes Leben leben zu lassen, sich nicht zu sehr um ihn zu sorgen.

Louise ist ungeduldig, sie möchte ihren neuen Lebensentwurf erkennen, seine Verwirklichung herbeizwingen. So schreibt sie 1627 an Vinzenz, der auf einer Volksmission unterwegs ist:

> *„Ich hoffe, Sie werden mir verzeihen, wenn ich mir die Freiheit nehme, Ihnen die Ungeduld meines Geistes mitzuteilen, sowohl wegen Ihrer langen Abwesenheit, als auch wegen der Besorgnis für die Zukunft, denn ich weiß jetzt nicht, wohin Sie sich von dort aus begeben werden, wo Sie jetzt sind. Aber wahr ist es, dass der Gedanke an den Grund ihrer Abwesenheit meinen Kummer etwas mildert. Doch hindert er nicht, dass mir in meinem Nichtstun zuweilen die Tage wie Monate erscheinen. Ich will jedoch ruhig auf die Stunde Gottes warten und anerkennen, dass meine Unwürdigkeit sie verzögert. ... Ich habe in diesen vergangenen Tagen gewünscht, Sie möchten daran denken, mich Gott zu schenken, und Sie möchten ihn um die Gnade bitten, an mir ganz seinen heiligen*

Willen zu erfüllen, obwohl meine Armseligkeit ihm Hindernisse legt. Nun also, mein Vater, bitte ich Sie in aller Demut darum und ersuche, mir zu verzeihen, dass ich Sie so sehr belästige."[47]

Vinzenz von Paul bringt sie behutsam und unnachgiebig dahin, sich im Jetzt vorzubereiten auf den Moment, in dem der Anruf der göttlichen Vorsehung für sie klar erkennbar werden würde.

Durch ein streng durchgeplantes geistliches Programm, das sie „Lebensordnung in der Welt" nennt, und umfangreiche Bußübungen versucht Louise das, was sie als „Unwürdigkeit" bezeichnet, zu bezwingen. Vinzenz bremst ihren Eifer und versucht sie in die Freiheit zu führen, die im Vertrauen auf die Liebe Gottes und seine Barmherzigkeit wurzelt. Mehr und mehr widmet sich Louise dem caritativen Engagement, das in ihrer Tagesplanung fest verankert ist.

Diese Zeit der Vorbereitung ist für sie „eine Art von Noviziat"[48], das sie zu der Sicherheit führt, ihr Leben ganz in den Dienst der Armen zu stellen. Sie wendet sich an Vinzenz und bittet ihn um einen Rat, in welcher Form das geschehen könne, und seine Zustimmung. Vinzenz, zutiefst beglückt über ihre Entscheidung, antwortet ihr: „Jawohl, meine teure Demoiselle, ich bin damit einverstanden. Warum nicht, da Ihnen unser Herr diese heilige Anregung gegeben hat. ... Ich kann Ihnen nicht ausdrücken, wie mein Herz das Ihre zu sehen wünscht, um zu wissen, was in Ihnen vorgegangen ist..."[49]

Louise ist bereit, sich gefestigt und innerlich sicher in einen neuen Lebensabschnitt zu begeben und dabei – mit Vinzenz verbunden – Neuland caritativen Dienstes zu erschließen.

Mit offenen Augen – Leben im Dienst der barmherzigen Liebe

Um zu verstehen, an welcher Sendung Louise sich mit ihrem Entschluss beteiligt, ist ein Blick auf den Weg nötig, den Vinzenz von Paul bereits beschritten hat. Die Not der Zeit hatte ihn hellhörig und tiefsichtig gemacht. Von der Gründung des ersten Caritasvereines in Châtillon im Jahr 1617 ab ist er unermüdlich damit beschäftigt, die Armen in ihrer Bedrängnis zu sehen und ihr abzuhelfen.

Nach einer Zeit als Pfarrer von Clichy (1612), in der er vor Ort für ihn wichtige und gute Erfahrungen in der Seelsorge macht, wird er 1613 Hauslehrer in der Familie de Gondi.[50] In dieser Zeit nimmt er zum ersten Mal bewusst Not und Elend in seiner ganzen strukturellen Verflochtenheit wahr, und diese hautnahe Erfahrung bewirkt in ihm einen inneren Aufbruch und Wandel. An zwei geschichtlich konkreten Erlebnissen im Jahr 1617 verdichtet sich für ihn sein Lebensentwurf: da ist zunächst die Predigt am 25. Januar in Folleville; hier wird der Stein zur Gründung der Kongregation der Mission (auch Lazaristen oder Vinzentiner genannt) ins Rollen gebracht. Der Schwerpunkt liegt darauf, der geistigen Verarmung der Menschen zu begegnen. Als zweites Erlebnis wird seine Ernennung zum Pfarrer von Châtillon-les-Dombes bedeutsam; hier werden die ersten Fäden für die immer weiter differenzierte caritative Tätigkeit gezogen, indem Vinzenz in Reaktion auf eine konkrete Notsituation den ersten Caritasverein gründet.[51]

Damit tritt ein Grundmuster in Erscheinung, das charakteristisch für Vinzenz bleibt: die Wahrnehmung einer unmittelbar greifbaren Notlage wird beantwortet mit der

Entwicklung einer Strategie, die die geleistete Hilfe auf Dauer und in immer weiteren Kreisen zu gewährleisten vermag. Der zweifache Ansatz sowohl an der geistlich-spirituellen als auch der körperlichen Not wird sein gesamtes Lebenswerk durchziehen.

Als Louise in sein Leben tritt, verbreiten sich die Caritasvereine gerade in Windeseile in den Ländereien rund um Paris. Die Kongregation der Mission ist gerade entstanden, zunächst als ein Zusammenschluss von Vinzenz und drei Priestern, die sich verpflichten „das arme Landvolk in der Glaubenslehre zu unterweisen, ihm zu predigen und es zu veranlassen, die Generalbeichte abzulegen“[52], wie es in der Gründungsurkunde heißt. Ihr Anliegen ist es, vor allem in den ländlichen Gebieten dem Aberglauben, der wild wuchernd um sich gegriffen hat, etwas entgegenzusetzen. Und oft wird eine sogenannte „Mission“ in den kleinen Dörfern zum Sprungbrett für die organisierte Hilfstätigkeit der Caritasvereine. Für die Arbeit in den Caritasvereinen kommt Vinzenz Louises Angebot, sich dem Armendienst zur Verfügung zu stellen, mehr als gelegen.

Ausgehend von der Erfahrung in Châtillion haben sich unter Vinzenz' Anregung in vielen Orten, vor allem in den Ländereien der Familie de Gondi, Menschen zusammengeschlossen, um in organisierter Form anderen in ihren Nöten beistehen zu können. Am Anfang steht oft ein konkreter Anlass, der dann die verbindliche Form des Engagements aus einer religiösen Motivation heraus nach sich zieht. Vinzenz entwirft ein Reglement für die Vereine, um die Grundlagen ihrer Arbeit transparent zu machen. Allerdings lässt sich beobachten, dass der Eifer des Anfangs nicht an allen Orten unvermindert fortdauert und dass viel „Allzumenschliches“ die Arbeit erschwert. So kommt ihm der Gedanke, Louise mit der Visitation der

Caritasvereine zu beauftragen. Sie soll vor Ort nach dem Rechten sehen, die Mitglieder ermutigen, praktische Ratschläge geben, Missstände herausfinden und einer Lösung zuführen. Sowohl durch ihre geistliche Bildung als auch durch ihre praktischen Fertigkeiten ist sie darauf bestmöglich vorbereitet. Der Brief, den Vinzenz an Louise im Mai 1629 vor ihrer ersten Fahrt nach Montmirail schickt, lässt den feierlichen Charakter dieser Sendung erkennen:

„Ich schicke Ihnen die Briefe und die Aufschreibung, die Sie für Ihre Reise brauchen. Gehen Sie also, Mademoiselle, gehen Sie im Namen unseres Herrn. Ich bitte seine göttliche Güte, Sie zu begleiten, dass sie ihr Trost sei auf Ihrem Weg, Ihr Schatten gegen die Glut der Sonne, Ihr Schutz vor Regen und Kälte, Ihr weiches Bett in Ihrer Ermüdung, Ihre Kraft bei Ihrer Arbeit, und dass er Sie schließlich zurückführe in vollkommener Gesundheit und reich an guten Werken.“[53]

Wie Vinzenz achtet auch Louise darauf, dass bei ihren Besuchen neben den materiellen Nöten auch die geistigen nicht unbeachtet bleiben. Sie bringt Vorräte an Nahrungsmitteln und Wäsche mit und teilt Arzneimittel aus. Sie erteilt Glaubensunterricht, besonders den Mädchen des Ortes, und bildet eine Lehrerin aus, falls es am Ort keine geben sollte. Louises Katechismusstunden für Frauen und Mädchen, zu denen sie im Lauf der Zeit sogar einen eigenen kleinen Katechismus zusammenstellt, sind so beliebt, dass sich die Männer hinter dem Vorhang verstecken, um zuzuhören.[54]

Allerdings ist es alles andere als selbstverständlich, dass eine Frau, zumeist nur in Begleitung einer oder weniger anderer Frauen, in der damaligen Zeit mit der Postkutsche (oder zu abgelegenen Vereinen auch zu Pferd) über

Land reiste – und noch viel ungewöhnlicher, dass sie in den Pfarreien mit klarem Wort und fester Autorität Weisungen erteilt. Es gibt gelegentlich Schwierigkeiten mit einem Pfarrer oder einem Bischof, die in Louises Engagement eine unerwünschte Einmischung in ihre Rechte sehen, einmal wird sie wegen Anstiftung zu Volksunruhen verklagt. Das alles kann sie nicht entmutigen – und Vinzenz bestärkt sie in ihrem Tun, gelegentlich mit der Mahnung verbunden, nicht übereifrig ans Werk zu gehen.

Aus den Visitationsberichten ist ihr Organisationsgeschick und ihr klarer Blick für den Handlungsbedarf in den einzelnen Vereinen erkennbar.

> *„Die Caritasdamen haben ihren Eifer ein wenig abkühlen lassen. Oft besuchen sie die Kranken nicht an den Tagen, für die sie verantwortlich sind, da die Schatzmeisterin so gutmütig ist, dass sie das Essen für die zubereitet, die es an diesem Tag tun sollten. Zudem geben sie und die Oberin sich manchmal damit zufrieden, den Kranken Geld zu geben. Sie geben auch manchen bedürftigen Personen Geld und versäumen es, Fleisch zu kaufen. Die Kranken müssen deshalb ohne Eier oder etwas anderes, was sie gern gehabt hätten, zurechtkommen.*
>
> *Diese Damen, oder zumindest die Mehrheit von Ihnen, gehen monatelang nicht zur Heiligen Kommunion. Ihr Eifer muss durch eine Predigt wieder belebt werden, wenn ein Priester zur Wahl des Prokurators entsandt wird. ...*
>
> *In Franconville hat der Prokurator des Vereins 25 Personen Geld ohne eine Garantie der Rückzahlung geliehen. Er schien dazu geneigt, diese Praxis fortzusetzen, wenn dazu Gelegenheit sein würde. Die*

Vorstandsmitglieder wagen nicht, sich ihm hier entgegenzustellen, da er sehr herrisch ist. Die Vorstandsmitglieder wurden vor langer Zeit durch eine Wahl abgelöst, füllen ihre Funktion jedoch weiterhin aus. Es steht zu befürchten, dass es unmöglich sein wird, sie zu ersetzen und andere in diesen Positionen einzusetzen, wenn sie noch lange so weitermachen. ... In Herblay haben die Caritasdamen noch ihren ersten Eifer.“[55]

Vinzenz lässt seiner Mitarbeiterin immer freiere Hand und fragt sie bei der Abfassung neuer Reglements um Rat. Zu den Caritasvereinen auf dem Land kommen nun Vereine in den Pfarreien in Paris, die sie zum Teil selbst ins Leben ruft. „In diesen vier Jahren ist in Louise eine große Veränderung vorgegangen. ... Ihr Geist ist klar und schlicht geworden und sieht die Dinge so, wie sie sind, nicht mehr durch den Spiegel der Einbildungskraft. Unter der stetigen Leitung ihres geistlichen Führers hat sie sich daran gewöhnt, selbständig zu entscheiden, wenn sie allein und fern von ihm ist. Sie hat die Macht ihres Wortes erfahren. ... Ihre eigene Bindung an Gott ist nicht mehr durch Skrupel und Furcht gehemmt. Aus Notwendigkeit und mit Freuden hat sie ihre Frömmigkeit eingebaut in jene Freiheit, die da die Liebe ist.“[56]

Die Vision nimmt Gestalt an – Gründung der Barmherzigen Schwestern

Für Louise steht bei aller Erfüllung in diesen Jahren dennoch die große Verheißung des Pfingstereignisses noch aus: die kleine Gemeinschaft der Gleichgesinnten, in der ein Kommen und Gehen sein wird. Sie versucht, der göttlichen Vorsehung unter die Arme zu greifen und lässt seit 1630 junge Frauen in den Caritasvereinen mitarbeiten. In Paris gibt es sowieso Probleme: die Damen der Gesellschaft, die zunächst sich selbst für den Dienst an den Armen in den Häusern und im Hôtel Dieu, dem Krankenhaus der Stadt, zur Verfügung gestellt hatten, bekommen mehr und mehr Schwierigkeiten in ihren Familien oder verlieren den Eifer. Sie schicken also ihre Dienstboten – die verständlicherweise nicht mit der von Vinzenz gewünschten Motivation ans Werk gehen. In diese Situation hinein kommt Marguerite Naseau als Geschenk, eine junge Frau, die sich selbst das Lesen beigebracht hat und nun ihre Fähigkeiten und Fertigkeiten und die Kraft ihres Herzens in den Dienst der Barmherzigkeit stellen will. Sie bleibt nicht allein, andere schließen sich an und übernehmen Dienste in den Caritasvereinen. Gründungstag der Gemeinschaft der „Filles de la Charité"[57], der Barmherzigen Schwestern ist der 29.11.1633, als vier oder fünf junge Frauen in Louises Haus einziehen. Ein Jahr nach der Gründung hält Vinzenz eine Konferenz zum Reglement, das Louise verfasst hatte; dazu versammeln sich bereits zwölf Schwestern.

Kirchenrechtlich bewegen sich Vinzenz und Louise auf Glatteis: zum einen durften nach dem Tridentinum keine neuen Ordensgemeinschaften mehr zugelassen werden, zum anderen hätte eine Klassifizierung der Barmherzigen Schwestern als Ordensgemeinschaft unweigerlich ihr Ende bedeutet. Dann nämlich wären die „Töchter", wie Louise und Vinzenz die jungen Frauen zunächst nennen, hinter Klostermauern verschwunden und hätten den Dienst in den Häusern der Armen nicht mehr ausüben können. Das ist ein wichtiger Grund dafür, dass Vinzenz den Schwestern immer neu einschärft, sich nicht als Ordensfrauen zu bezeichnen.

Im Lauf der Zeit gibt es auch innerhalb der wachsenden Gemeinschaft selbst Grund, diese Trennlinie zu betonen: die Faszination durch das klausurierte Klosterleben – die schönen Gewänder und Gesänge der Nonnen, die Tagesgestaltung ohne die schwere körperliche Arbeit – hält Einzug. Vinzenz wird deshalb nicht müde, den Schwestern den Geist ihrer Genossenschaft in leuchtenden Farben vor Augen zu stellen:

„Als Gott die Genossenschaft der Barmherzigen Schwestern ins Leben rief, gab er ihr auch ihren besonderen Geist. Der Geist ist es, der lebendig macht. ... Wenn Sie wüssten, was Gott mit Ihnen vorhat und wie sehr er durch Sie verherrlicht werden will, so würden Sie sich glücklichpreisen, in diesem Stande leben zu dürfen, und ihn höher schätzen als den der Klosterfrauen."[58]

„Sie sind mehr als die klausurierten Schwestern der Gefahr der Sünde ausgesetzt, weil Sie als Kloster die Häuser der Kranken oder das Wohnhaus der Oberin haben, als Zelle eine Mietwohnung, als Kapelle die Pfarrkirche, als Klostergänge die Strassen der Stadt, als Klausur den Gehorsam, denn sie wollen nur zu den Kranken gehen und dorthin, wohin ihr Dienst sie ruft, als Gitter die Furcht Gottes und als Schleier die heilige Bescheidenheit. Nicht durch die Ablegung einer Profess, sondern durch das ständige Vertrauen in die göttliche Vorsehung, durch die Hingabe all dessen, was Sie sind, und durch den Dienst an Christus in der Person der Armen bewahren Sie ihren Beruf."[59]

In den kommenden Jahrzehnten werden die beiden Stifter die Schwestern an alle Brennpunkte der Not senden: in die Häuser der Armen und ins Hôtel Dieu, in dem unvorstellbare Zustände herrschen, zur Pflege der Verwundeten in den Bürgerkriegen und der Findelkinder, zu den Galeerensträflingen und wo immer sie sonst gebraucht werden – schon zu Lebzeiten Louises über Frankreichs Grenzen hinaus nach Polen.

Als erste Oberin der Gemeinschaft übernimmt sie den wesentlichen Teil der Verantwortung für die Formung und Ausbildung der Schwestern, begleitet sie an ihre Einsatzorte und danach weiter durch einen regen Briefwechsel, der sowohl von geistlichen als auch praktischen Lebenshilfen geprägt ist. Am 25. März 1642 legen Louise und vier Schwestern die Gelübde der Armut, des Gehorsams, der Keuschheit und des Armendienstes – „den armen Kranken, unseren wirklichen Herren, zu dienen“[60] – ab. Damit ist die Pfingstverheißung von 1623 endgültig in Erfüllung gegangen.

Die formale Anerkennung der Gemeinschaft erfolgt 1655 durch den Erzbischof von Paris; Louise drängt erfolgreich darauf, aus Rom die Erlaubnis zu bekommen, dass die Schwestern nicht dem Bischof, sondern dem Generalsuperior der Kongregation der Mission, also Vinzenz und seinen Nachfolgern, unterstellt bleiben.

Bis zu ihrem Tod am 15. März 1660 sorgt sich Louise mütterlich um die Schwestern. Ihr tiefstes Anliegen fasst sie in ihrem geistlichen Testament zusammen:

> *„Meine lieben Schwestern, ich werde auch weiterhin Gott um seinen Segen für Sie bitten. Ich bitte ihn darum, Ihnen die Gnade zu schenken, in Ihrer Berufung auszuharren, damit Sie ihm in der Weise dienen, die er von Ihnen erwartet.*
>
> *Tragen Sie große Sorge für den Armendienst und leben Sie vor allem gut zusammen in großer Ein-*

Schrein der hl. Louise in der Kirche des Mutterhauses in Paris

tracht und Herzlichkeit. Lieben Sie sich gegenseitig und ahmen Sie so die Einheit und das Leben unseres Herrn nach.

Bitten Sie innig die Heilige Jungfrau, dass sie Ihre einzige Mutter sei.“[61]

Menschsein entfalten

An Gottes Würde teilhaben – Alles steht und fällt mit der Menschwerdung

Louise gelingt es, aus den Steinen, die ihr ihre Lebensgeschichte immer wieder in den Weg legt, zu einer reifen und heilen Persönlichkeit zu werden. Sie ist dabei tief im Glauben verwurzelt und dabei mehr und mehr praktisch ausgerichtet: Louise versteht Menschsein von Gott her auf die Menschen zu. Wie sieht sie den Menschen?

Prägende Faktoren für Louises Menschenbild sind das Gedankengut der französischen Schule, in der die Menschwerdung Gottes einen zentralen Stellenwert einnimmt, und die Bibel.

Ausgehend vom biblischen Grundbefund, der den Menschen als Geschöpf und Ebenbild Gottes beschreibt (Genesis 1), sieht Louise ihn mit besonderer Würde begabt. Sie betet: *„Es ist dein Wille, dass der Mensch an deiner Würde teilhabe! Welch ein Wunder ist doch dein Plan von Ewigkeit her!"*[62]

Gott geht in seiner Zuwendung zum Menschen so weit, selbst Mensch zu werden und identifiziert sich dabei gerade mit den Ärmsten. Das ist für Louise die Motivation, sich selbst in Dienst nehmen zu lassen:

> *„Gott hat dem Menschen nie eine größere Liebe bezeugt, als da er sich entschloss, Fleisch anzunehmen; denn davon hingen alle andern Gnaden ab, die er uns seither erwiesen hat; und daran erkenne ich, dass das für uns eine Lehre sein soll. ... Der Sohn Gottes hat sich nicht damit begnügt, das Versprechen zu unserem Loskauf zu geben, er wollte ihn ausführen, und zwar nicht so, wie er es hätte tun*

können, nämlich in einer Weise in die Welt zu kommen, die seiner Größe angemessen gewesen wäre, nein, sondern in der größten Erniedrigung, die sich vorstellen lässt, damit wir, oh meine Seele, mehr Freiheit hätten, uns ihm zu nähern. Das müssen wir mit umso größerer Hochachtung tun, je demütiger er hier erscheint.“[63]

Gott sucht die Nähe zu den Menschen, er weiß um ihre Gebrochenheit. Dafür ist Louise aus ihrer Lebensgeschichte heraus besonders sensibel. Aber sie hat auf ihrem Glaubensweg erfahren, dass Gottes Liebe größer ist als die eigene Fragmenthaftigkeit: der Mensch muss sich nicht zu Gott aufschwingen, sondern er hat Anteil an Gott, weil er von ihm liebend ins Dasein gerufen wurde. Dann darf der Einzelne ganz neu für sich entdecken, dass Gott mit ihm eigene, neue Wege gehen will, die auch mitunter das bisher Dagewesene in der Kirche hinter sich lassen – die Pfingstverheißung hat Louise diesen Weg geführt.

Die Armen von Christus her anschauen

Im Blick auf den Menschen nimmt Louise Maß an Jesus Christus, der vorrangig zu den Armen[64] gesandt ist. Louise weiß sich selbst als eine Arme vor Gott und sie kennt ihre Angewiesenheit auf seine Führung und Gegenwart. Sie betet:

„*Oh mein Gott, du willst mir die Mittel zeigen, wie ich deine Hilfe in meinen Nöten erlange. Durch meine Schwäche darin verstehe ich, dass ich meine Niedrigkeit eingestehen und anerkennen muss, wahrhaft ein Nichts zu sein, um die Größe deines Erbarmens auf mich herabzuziehen.*“[65]

Sie bleibt jedoch nicht bei sich selber stehen, sondern lässt sich in der Nachfolge Jesu den Blick öffnen für die Armut der Menschen, die sie in ihrer Umgebung antrifft und aktiv aufsucht. Genau wie Vinzenz kann sie deshalb dem Dienst an den Menschen den Vorrang geben vor allem anderen. Der Einsatz für die Armen und die Sensibilität für ihre Würde führt sie dahin, die geltenden Wertmaßstäbe umzukehren: die Armen werden zu Herren und Königen, denn gerade in ihnen ist Christus gegenwärtig. So ist sie sicher: „*Menschen, die hier auf Erden am wenigsten gelten, werden von Gott am meisten geliebt.*“[66]

Für das alltägliche Leben gibt dies die Richtung vor: „*Seid entgegenkommend und sanft mit Euren Armen. Ihr wisst, es sind unsere Herren und Meister, und wir müssen sie herzlich lieben und achten. Es genügt aber nicht, diese Leitgedanken im Kopf zu haben; wir müssen sie durch unsere liebevolle und geduldige Pflege auch zum Ausdruck bringen.*“[67]

Geliebt und erlöst von Gott

Louise wächst in einem Umfeld auf, in dem die Stabilität auch in Glaubensfragen sehr brüchig geworden ist und vielerlei Fehlformen Platz gibt. Eine davon ist, die eigene Leistung in Hinsicht auf die Rettung des Seelenheils in den Mittelpunkt zu stellen. Louise ist zunächst ebenfalls von dieser Vorstellung besetzt, wenn sie sich beispielsweise ihre Tagesordnung bis ins Kleinste vorgibt und mit Frömmigkeits- und Bußübungen ausfüllt. Allerdings kann sie mit Vinzenz’ Hilfe einen dann für sie zentralen Aspekt ihres Menschenbildes entdecken: vor aller eigenen Leistung steht die liebende Zuwendung Gottes, der den Menschen Erlösung schenkt. Diese Überzeugung führt sie

Siegel der Genossenschaft ab 1643

dazu, die junge Gemeinschaft unter ein Wort aus dem zweiten Korintherbrief zu stellen:

„Denn die Liebe Christi drängt uns, da wir erkannt haben: Einer ist für alle gestorben, also sind alle gestorben. Er ist aber für alle gestorben, damit die Lebenden nicht mehr für sich leben, sondern für den, der für sie starb und auferweckt wurde“ (2 Kor 5,14-15).

Louise verdichtet diese Aussage, indem sie als Leitmotiv formuliert: *„Die Liebe Christi, des Gekreuzigten, drängt uns.“*

Aus dieser Gewissheit schöpft sie die Kraft, ihre eigenen Schwierigkeiten zu überwinden, die sie immer wieder einholen, und sie kann aus dieser Erfahrung heraus auch andere ermutigen und begleiten. Im Vertrauen auf Gott wächst Louise eine wunderbare innere Freiheit zu, die es ihr ermöglicht, sich anzunehmen mit ihren Armseligkeiten, als Erlösungsbedürftige und Erlösungswürdige und sich so ganz Gott und seiner Vorsehung zur Verfügung zu stellen.

> *„Ich betrachtete mich als unwürdig, dass die Güte Gottes mit meiner Seele eine Absicht haben sollte. Aber ich ersehnte, dass sie vollständig in mir*

ausgeführt würde und bot ihm mein ganzes Leben zu diesem Zweck an. Ich soll mich ganz in Gottes Hände fallen lassen in Dankbarkeit für seine große Liebe, die ihn dazu führte, sich dem ganzen Menschengeschlecht zu offenbaren und für die Erkenntnis, die er seinen Geschöpfen gab in Bezug auf die Mittel, die sie haben, sich ihm völlig hinzugeben."[68]

Geh und handle genauso – Zentrale Haltungen in der Begegnung

Das Menschenbild, das Louise prägt, findet seine Ausdrucksform in den Haltungen, die sie selbst in der Begegnung mit den Armen spüren lässt und zu denen anzuleiten sie nicht müde wird. Von Anfang der Gemeinschaft an haben die Stifter eine Tugendtrias als Grundgerüst des Geistes der Barmherzigen Schwestern betrachtet: Demut, Einfalt und Liebe. Wie hat Louise diese Haltungen verwirklicht? [69]

Demut

Über die Demut spricht Louise viel und ausführlich, und manche Formulierung ist heute schwer nachvollziehbar. Ein möglicher Zugang liegt im Verständnis dieser Haltung als Konsequenz aus der Beziehung zu Gott. Je mehr Louise die Größe und Unendlichkeit Gottes erkennt und erspürt, immer mehr mit ihm verbunden lebt, desto mehr werden ihr wohl die Unterschiede zu ihrem begrenzten Menschsein deutlich. Sie schreibt in einer Exerzitienbetrachtung: *„So erscheint in der Gottheit selbst eine tiefe Demut, und zwar wahre Demut, und ich empfinde dadurch eine große Beschämung über meinen Stolz. Ich gebe zu, dass es zum*

Teil auch Unwissenheit ist; denn um es richtig zu sagen, ist die Demut eine Erkenntnis der Wahrheit, und darum, so scheint mir, konnte ich sie auch in Gott erkennen.“[70]

Louise verlangt sich zeitlebens eine große Wahrhaftigkeit sich selbst gegenüber ab, und die Regungen und aus ihrer Sicht unguten Seelenbewegungen vermag sie ehrlich und klar zu beschreiben. Vinzenz muss sich immer wieder mühen, sie zu beruhigen, und er tut das mit Humor: „Ich kann nicht umhin, Ihnen zu sagen, dass ich mir vorgenommen habe, Sie morgen recht zu tadeln, weil Sie sich so in den grundlosen und nichtigen Befürchtungen ergehen lassen. Oh! Bereiten Sie sich vor, sehr ausgezankt zu werden!“[71]

Wie es in den Anfangszeiten der Genossenschaft üblich ist, hält Vinzenz nach Louises Tod zwei Konferenzen, in denen die Schwestern ihre Erinnerungen und Erlebnisse mit der Verstorbenen austauschen und sich an ihren Tugenden orientieren können. In diesen Gesprächen ist viel von der Demut Louises die Rede. Die Schwestern betonen dabei vor allem die Auswirkungen der Haltung, wie Louise sie gelebt hat, auf das Zusammenleben. Eine Schwester berichtet: „Erstens hatte sie eine bewunderungswürdige Demut, die unsagbar oft in Erscheinung trat. Daher hegte sie für jede Schwester eine große Ehrfurcht und sprach immer nur demütig bittend zu ihnen, dankte so herzlich für jeden Dienst, den man ihr erwiesen, oder für außerordentliche Mühen, die man sich in der Pflichterfüllung gegeben hatte, dass ich oft ganz beschämt war.“[72]

Somit wird die praktizierte Demut spürbar als Hochachtung vor der Würde des Anderen, die in tiefer Weise sensibel macht: in Christus sind die Menschen einander so verbunden, dass sie nicht unberührt bleiben können von der Freude oder dem Schmerz des Anderen, ohne mit ihm zu fühlen. Diese Grundhaltung verhilft ihm dazu, mehr Mensch, mehr er selbst zu werden.

Die Demut Louises zeigt sich auch in einer ausgeprägten Liebe zur Armut, die sie als Solidarität mit den Armen versteht. Es ist herzerfrischend zu hören, dass echte Tugend bisweilen in liebenswert-schrulligen Eigenheiten erscheint, wie wir sie aus den Worten einer Schwester erkennen können: „Sie liebte die Armut so sehr, dass man sie nicht dazu überreden konnte, etwas Neues für ihren Gebrauch anzunehmen, obgleich sie anderen sehr gerne das Notwendige zugestand. ... Man musste sie glauben machen, dass man ihre Hauben beim Althändler kaufte. Manchmal glückte es, dass sie etwas Neues anzog, ohne es zu merken. Sobald sie aber dahinterkam, zog sie es schnell wieder aus und zeigte sich ärgerlich darüber, dass man es ihr gegeben habe. Dann musste man lange warten, bis man in sie dringen konnte, es doch wieder anzuziehen.“[73]

Einfalt

Auch diese Tugend erschließt sich heute wohl nicht auf den ersten Blick. Wenn Louise ihren Schwestern die Einfalt als Tugend ans Herz legt, geht es dabei wesentlich um Klarheit und Eindeutigkeit, um Transparenz und Übereinstimmung von Reden und Handeln. Louise mahnt zur Bescheidenheit, wenn der Umgang mit den vornehmen Kreisen der Gesellschaft der einen oder anderen Schwester in den Kopf steigt, sie mäßigt die, die in ihrem Übereifer ihr Können überschätzen. So schreibt Vinzenz einmal über eines dieser Negativbeispiele: „Johanna, die Tochter der christlichen Liebe dieser Pfarrei, hat viele Fehler begangen, deretwegen der Herr Pfarrer, die Vorsteherinnen und Herr von Vincy es heute für notwendig erachteten, dass sie ausgetauscht werde. Ich bitte Sie, Mademoiselle, uns eine andere zu schicken, die einen sanfteren und fügsameren Geist hat und das schon morgen in der Früh, damit sie keine Gelegenheit hat, wie die anderen Ränke zu schmieden. Denn es ist unvorstellbar, wie sehr sie dazu fähig ist. Würden Sie glauben, dass ... sie alles nach ihrem Kopf tut und mehrere Sachen, ohne etwas davon zu sagen, wie z.B. dass sie eine Kranke ohne Erlaubnis behandelt hat; und was noch am schlimmsten ist, sie hat den Fastenprediger über einige Fehler der Damen unterrichtet und hat ihn veranlasst, darüber zu predigen."[74]

Immer wieder klagt Louise über Winkelzüge und zögert nicht, diese mit klaren Worten zu benennen und auf Unterlassung zu drängen. Die Haltung der Einfalt, wie Louise und Vinzenz sie verstehen, verhilft dazu, mit offenem Herzen dem Nächsten zu begegnen; sie erhält die Bereitschaft, sich in Dienst nehmen zu lassen, weil die Dankbarkeit für die Berufung zu dieser Lebensform die gängigen Muster von Über- und Unterordnung in ein neues Licht rückt. Louise kann ausrufen: *„Das ist eine große Sache, um Gott zu danken, dass er uns eine so heilige Arbeit geschenkt hat."*[75] Das Bewusstsein dieser Würde ist der Weg dazu, ein realistisches Selbstbild entwickeln zu können, in Wahrhaftigkeit zu sich stehen zu lernen und im Umgang mit dem Anderen, egal welcher gesellschaftlichen Stellung, geradlinig zu sein – so könnte Louises Übersetzung des Begriffs Einfalt in unsere Sprache lauten.

Interessanterweise verwenden Vinzenz und die Schwestern diesen Begriff nicht, wenn sie über Louises Haltungen sprechen. Sie benennen das, was sie an ihr gesehen und erlebt haben, mit „Klugheit" und setzen dabei einen weiteren Schwerpunkt. Vinzenz fasst die Äußerungen einiger Schwestern zusammen: „Meine Schwestern! Da hat meine Schwester eine Haupttugend erwähnt: die Klugheit. Es ist wahr, ich wüsste nicht, jemanden gekannt zu haben, der klüger als sie gewesen wäre. Ja, sie war es in hohem Maße, und ich wünsche von ganzem Herzen, dass auch die Genossenschaft diese Tugend der Klugheit besitze. ... Oh Heiland! Ihre Klugheit war keine alltägliche. ... Die Klugheit ist also, meine Schwestern, eine Tugend, die uns anleitet, alles in der rechten Weise zu tun."[76]

Liebe

Eine dritte Grundhaltung, die Louise zutiefst prägt und die in verschiedenen Ausformungen erlebbar wird, ist die Liebe. Sie ist zutiefst erfüllt von der Liebe Gottes, die sie in der Betrachtung der Heiligen Schrift und in den Fügungen ihres Alltags erkennt und sich persönlich zusprechen lässt. Zu Beginn ihrer Mission bei den Caritasvereinen erlebt sie diese Liebe in fast mystischer Weise:

> *„Ich brach am Fest der heiligen Agatha, den 5. Februar, nach Saint-Cloud auf. Bei der heiligen Kommunion schien es mir, als gäbe mir unser Herr den Gedanken ein, ihn als Bräutigam meiner Seele zu empfangen, und dass diese Kommunion eine Art Vermählung sei. Ich fühlte mich mit ihm durch diese Erwägung, die für mich außerordentlich war, noch inniger vereint. Ich fühlte mich zudem dazu bewegt, alles zu lassen, um meinem Bräutigam zu folgen, ihn künftig als solchen zu betrachten und die Schwierigkeiten, denen ich begegnen würde, so zu tragen, als empfinge ich sie aus der Gütergemeinschaft mit ihm."*[77]

In dieser Liebe Gottes geborgen kann sie sich den Menschen in Liebe zuwenden. In den Konferenzen nach ihrem Tod scheinen den Schwestern vor allem ihre Herzlichkeit und Zuvorkommenheit ihren Mitmenschen gegenüber ein wesentlicher Wesenszug Louises zu sein. Diese Haltung erstreckt sich auf alle, denen sie sich verbunden weiß: ihre Familie, ihre Gemeinschaft, die Armen, Kranken und Findelkinder, die ihr anvertraut sind. Die Schwestern berichten: „Groß war ihre Liebe zu den Armen, und sie diente ihnen, wo sich Gelegenheit bot, mit großer Freude. Allen Schwestern gegenüber war sie überaus gütig und hilfsbereit, ertrug und entschuldigte sie jederzeit. Wo es aber nötig war, konnte sie auch mit Strenge zurechtweisen. Aber auch das geschah aus Liebe; denn sie hatte ein mitleidiges Herz für alle, die irgendwie körperlich oder seelisch litten. Sie konnte auch jahrelang Schwestern geduldig ertragen, die wegen ihrer Fehler eigentlich hätten weggeschickt werden müssen. Sie wartete eben immer ab, um zu sehen, ob sie sich nicht doch noch besserten."[78]

Diese Charakteristika der Liebe – Aufmerksamkeit für offensichtliche und versteckte Bedürftigkeit, Klarheit im Urteil verbunden mit Geduld bei Fehlern und Offenheit für alle Menschen ohne Unterschied – markieren das Profil der Haltung, die Louise wohl am wichtigsten ist und die ihrer Gemeinschaft den Namen gibt: die Barmherzigkeit. Ein Blick auf das französische Wort „charité", das sie ja verwendet und das im Namen „Filles de la Charité" bis heute präsent geblieben ist, kann die Bedeutung des Begriffs verdeutlichen.[79] Wenn von „charité" die Rede ist, geht es um die Liebe, die von Gott her unverdient auf den Menschen zukommt und von ihm weitergegeben werden will. Barmherzigkeit wird somit zu einer Art Markenzeichen, das von innen kommt und an dem diejenige erkennbar wird, die Jesus Christus nachfolgt. Louise ist überzeugt davon, dass Gott es ist, der im Menschen und durch den Menschen handelt, insofern dieser in Freiheit seinen Willen annimmt. Auf diese Weise wird das geistige Fundament geschaffen für eine Gesellschaftsstruktur, die Platz bietet für alle Menschen. Barmherzigkeit gibt dem Andern das, was ihm von Gott her zusteht.

Louise schreibt: „*Du willst uns an dich ziehen. Lass uns dieses Wort in aller Tiefe erfassen: wenn wir dir gehören, dann gehören wir nicht mehr uns selbst, und wäre es dann nicht Diebstahl, von uns selbst Gebrauch zu machen, wenn auch nur im geringsten, fern von den Vorschriften der reinen Liebe zu leben, die du uns auf Erden gelehrt hast. ... Lieben wir deshalb diese Liebe und hegen wir sie, damit sie andauert; denn sie hängt in keiner Weise von uns ab. Behalten wir darum all die Taten im Leben unseres Liebhabers in Erinnerung, um ihn nachzuahmen.*“[80]

Diese Haltungen übt Louise in ihrem Leben und möchte sie in ihren Töchtern lebendig sehen. So schreibt sie an die Schwestern in Richelieu: „*Sanftmut, Herzlichkeit und Ertragung müssen die Praxis der Töchter der christlichen Liebe sein, genauso wie Demut, Einfalt und Liebe zur heiligen Menschheit Jesu Christi, der vollkommen barmherzige Liebe ist, ihr Geist sind. Das ist in der Zusammenfassung, meine lieben Schwestern, das, was ich, so glaube ich, Ihnen über unsere Regeln mitteilen soll bis zu der Zeit, in der die göttliche Vorsehung Ihnen erlaubt, den ganzen Text zu haben.*“[81]

Typisch und untypisch zugleich – Louise als Frau ihrer Zeit

Louises Sicht auf Menschsein ist sehr nachhaltig geprägt von ihrer eigenen Lebensgeschichte, den Lebensphasen der Kindheit und Jugend mit ihren gesellschaftlichen Belastungen, ihres Erwachsenenlebens, das mit den Lebensformen der Eheschließung, Mutterschaft, Witwenzeit und neuer Lebensform in geistlicher Gemeinschaft sich prozesshaft gestaltet und sie schließlich mehr und mehr zu einer heilen Persönlichkeit reifen lässt.

Dabei geht sie ihren Lebensweg als Frau in ihrer Zeit. Sie ist eingebunden in die Konventionen, die an das Bild der Frau geknüpft sind und herausgefordert, sie selbst zu werden im kreativen Umgang mit den gegebenen Grenzen und vorhandenen Chancen.

Um Louise als Frau in ihrer Zeit verstehen zu können, ist ein kurzer Blick auf das Frauenbild notwendig, das in ihrer Umgebung gängig ist.

Ihre Lebenszeit ist geprägt vom Aufbruchsdenken der Renaissance. Diese Zeit kennt eine bedeutende Umgestaltung des Weltbildes: die Entdeckungsreisen, die beispielsweise Marco Polo (1254-1324) oder Christoph Columbus (1451-1506) unternehmen, erlauben die Welt neu sehen zu lernen. Die Vorstellung von der Erde als Scheibe wird abgelöst durch die Betrachtung der Kugelgestalt des Planeten; die ersten Globen entstehen. Nikolaus Kopernikus (1473-1543) formuliert die Erkenntnis, dass die Erde um die Sonne kreist und somit nicht, wie es bis dahin unbestritten war, das Zentrum des Planetensystems sein kann. Das vertiefte „Streben nach der Beschäftigung mit der diesseitigen Welt“[82] und damit das neu erwachte Interesse am Menschen findet seinen Ausdruck in der Strömung des Humanismus.[83]

Dabei findet eine Neudefinition des Rollenverhältnisses zwischen Mann und Frau statt. „Der Fortschritt scheint mehr denn je mit der Entdeckung des ‹draußen› verknüpft, das zum ‹anderswo› wird. Die Verschiedenartigkeit des Loses von Mann und Frau wird betont und die Frau mehr und mehr an die Aufgaben des ‹drinnen› gebunden."[84] Der Mensch, den der Humanismus in den Mittelpunkt stellt, ist Mann.[85] Selbstverwirklichung in der Arbeit, auf künstlerischem oder geisteswissenschaftlichem Gebiet wird immer bedeutender, die Urheber werden unter ihrem Namen bekannt. Diese Leistungen bewegen sich vorrangig im „Außenbereich", werden demzufolge Domäne der Männer. „Im 17. Jahrhundert wird die Arbeit der Frau offen als ‹unehrenhaft und schandbar› erklärt."[86]. Frauen müssen sich also auf das Gebiet der Heimarbeit (Stickerei, Spitzenweberei, sonstige Handarbeiten) zurückziehen. Diese wird im Lauf der Mechanisierung immer mehr bedroht, was zu einer völlig unzureichenden Bezahlung führt und viele Frauen dazu veranlasst, ihr Glück in den größeren Städten zu suchen. Das Paris, in dem Louise und Vinzenz wirken, kennt diese Bewegung, die sicher mit ein Auslöser für die Problematik der Findelkinder ist.

Im Adel und im Bürgertum sind klare Rollenmuster vorgegeben: eine dem Stand angemessene Heirat macht eine Frau aus gutem Haus zum Mitglied eines gesellschaftlich klar umrissenen Umfeldes, in dem sie sich bewegen kann. Die Caritasdamen, die sich Vinzenz und der Idee der erbarmenden Liebe verpflichtet haben, gehören zu diesem Kreis.

Mit diesen Entwicklungen sind Konsequenzen für die Mädchenerziehung verbunden. Nur selten erkennt eine

Familie die Notwendigkeit oder gar die Sinnhaftigkeit an, Töchter unterrichten zu lassen, Schulen für Mädchen sind im Prinzip unbekannt. Wenn ein systematischer Unterricht erfolgt, hat er zumeist eine praktische Ausrichtung und soll die Frauen dazu befähigen, ein gutes Hauswesen zu führen.

Mit der Reformation engt sich der Gesichtskreis für Frauen nochmals ein, es „werden die verschiedenen der Frau möglichen Stände reduziert auf den alleinigen Stand der Ehefrau und Mutter. Die gottgeweihte Jungfräulichkeit wird der Frau durch die reformatorische Bewegung abgesprochen."[87]

Im religiösen Bereich wirkt sich dieses Frauenbild ebenfalls aus. Der Aberglaube des Mittelalters ist nicht überwunden, sondern in der Instabilität der Zeit eher erstarkt und der deutlichste Auswuchs der religiös ummantelten Frauenfeindlichkeit, die Hexenverbrennungen, noch nicht beendet. „Aber es ist das wesentliche Merkmal dieser geschichtlichen Epoche, dass die Kirche, die das Erbe mittelalterlicher Anschauungen übernimmt und gleichzeitig die Ideale von Humanismus und Renaissance zum Ausdruck bringt, immer noch von einer grundsätzlichen Angst vor jeder Erneuerung beherrscht wird. Das Verlangen der Frauen, zu ihrer eigenen Identität zu finden, wird immer deutlicher und ist auf die eine oder andere Weise identisch mit einem starken Bedürfnis nach Reform. Das religiöse Leben der Frau ist jener Bereich, in dem sich die Forderungen nach einer Veränderung am deutlichsten zeigen, ob sie nun anerkannt oder abgelehnt werden. Die Laien stehen im Einklang mit der Forderung nach einer Reform, die noch ganz auf die Sphäre des Religiösen ausgerichtet ist."[88] So kommt es nicht von ungefähr, dass die Aufbrüche, die die Gegenreformation mit sich bringt, eine unübersehbare Beteiligung von Frauen haben, die vor allem im Bereich der Caritas (z.B. Louise) und der Erziehung Einfluss nehmen (z.B. Angela Merici, Mary Ward).

Im Blick auf Louises Biographie fällt auf, dass sie vor dem Hintergrund des Frauenbildes ihrer Zeit sowohl eine typische als auch eine untypische Frau ist. Sie ist eingebunden in die Gesetze der Standeszugehörigkeit, die sie eher von ihrer belastenden Seite her erfährt, sie steht unter der Verpflichtung, eine Ehe einzugehen, als ihr das Ordensleben verwehrt bleibt, sie fügt sich dem Ideal, eine gute Mutter zu sein und für ein gut funktionierendes Hauswesen zu sorgen, in der Krankheit des Gatten ganz für ihn da zu sein und seine Pflege zu übernehmen.

Zugleich wird ihr von frühester Kindheit an eine ausgezeichnete Erziehung und Ausbildung zuteil, die ihr auch Kenntnisse im Bereich der Geisteswissenschaft und der künstlerischen Ausdrucksform vermittelt. Sie lässt sich nicht davon abbringen, ihre eigene Vision von Berufung zu leben und findet dafür völlig neue Möglichkeiten in der Definition der Gemeinschaft des apostolisch-caritativen Dienstes, der ja eine bislang noch nicht da gewesene Alternative zum klassischen Ordensleben darstellt.

Wie sieht sie nun selbst das Frausein? Louise nimmt kaum explizit Stellung zu dieser Frage. Die Antwort ergibt sich im Wesentlichen in der Ausgestaltung ihres Dienstes und in der Ermutigung anderer Frauen zur Übernahme dieser neuen Lebensform.

Ihr Ansatz erfolgt bei Erziehung und Ausbildung. Louise hat in ihrem eigenen Leben das Glück gehabt, im Kloster Poissy fundiert und umfassend ausgebildet zu werden. Diese Grundlage wird ergänzt durch die praktischen

Fähigkeiten und Fertigkeiten, die sie sich in ihrer Internatszeit erwirbt. Von Beginn ihrer Tätigkeit als Vinzenz' Mitarbeiterin an richtet sie deshalb in den Caritasvereinen ein besonderes Augenmerk darauf, die Mädchen zusammenzuholen und zu unterrichten. Dieser Unterricht hat seinen Schwerpunkt entgegen den Gepflogenheiten der Zeit nicht in den praktischen Angelegenheiten des Haushalts (die durchaus ihre Berücksichtigung finden), sondern zunächst darin, den Mädchen einen Zugang zu (religiöser) Bildung zu ermöglichen.

In einem Briefwechsel mit dem Kanzler von Notre-Dame macht Louise den Vorstoß, in Paris Grundschulen für die armen Mädchen einzurichten. Sie erhält einen positiven Bescheid: „Da in Anbetracht unserer Würde als Kanzler der obgenannten Kirche zu Paris die Errichtung und Leitung der Grundschulen zu Paris, der Vorstädte und der Bannmeile uns angeht und untersteht, und da wir Euch gemäß unserer Prüfung, dem Bericht Eures Pfarrers und dem Zeugnis aller anderen glaubwürdigen Personen für würdig befinden, Schule zu halten, und da uns bekannt sind Euer Leben, Sitten und katholische Religion, so gewähren wir Euch für dieses Unternehmen die Erlaubnis und geben die Genehmigung, in der Straße, die da heißt nach dem Viertel von St. Lazarus im Vorort St. Denis, Schulen zu halten und zu leiten, und zwar mit der Auflage, nur arme Mädchen zu unterrichten und keine anderen und sie zu unterweisen in den guten Sitten, den grammatischen Fächern und anderen frommen und ehrenhaften Beschäftigungen, nachdem Ihr uns zuvor gelobt habt, die besagten Schulen achtsam und getreulich nach unseren Satzungen und Anordnungen zu halten."[89]

Zudem sieht sie von Beginn ihrer Tätigkeit an die Möglichkeit, junge Frauen aktiv in die Arbeit vor Ort in den

Caritasvereinen einzubinden und ihre Fähigkeiten zur Entfaltung zu bringen. Bei der Ausbildung der ersten Schwestern geht es um eben diese Verbindung: „Gute Christinnen mit soliden Tugenden und brauchbaren Kenntnissen in der Krankenpflege sollten ausgebildet werden.“[90] Die strukturierte Ausbildung für die Pflege ist etwas gänzlich Neues, zudem lernt jede Schwester Lesen und Schreiben.

Louise ist überzeugt: *„Es ist in diesem Jahrhundert offensichtlich, dass die göttliche Vorsehung sich der Frauen bedienen wollte um zu zeigen, dass es allein seine Güte ist, die den bedrängten Menschen helfen und ihnen kraftvolle Hilfe für ihre Erlösung bringen wollte.“*[91]

Egal, in welchen „Frauenkreisen“ sich Louise bewegt – seien es die Caritasdamen, die Frauen in den Caritasvereinen auf dem Land oder ihre „Töchter“, die die beiden Stifter gern als die „guten Landmädchen“ bezeichnen: Louise vermittelt dort immer wieder die Größe und Würde des Auftrags, der ihnen anvertraut ist. Vinzenz unterstützt sie dabei voll und ganz und hält seine Erfahrung fest, „dass die Frauen bei diesen Aufgaben von Männern unabhängig sein sollen, sicherlich in Geldangelegenheiten.“[92]

Auch im Bereich der Spiritualität lässt Louise eine frauliche Note anklingen. Sie selbst spricht in ihrer Tagesordnung davon, wie sie diese erfüllen möchte: *„Gelegentlich werde ich mein Gewissen dahingehend erforschen, inwieweit ich als eine Frau, die sehnlich fromm werden möchte, die Gebote Gottes und meine Verpflichtungen als Christin und Katholikin erfülle.“*[93] Besonders gut aufgehoben weiß sie sich bei Maria, deren Leben sie immer wieder intensiv betrachtet. In ihrem Beten hat die Solidarität mit allen Frauen ihren Platz:

„Allerseligste Jungfrau, du von Gott zu seiner Mutter erkorene Frau, erhöre meine Anliegen und Gebete. Ich bitte dich für alle Frauen.

Für alle verheirateten Frauen: dass ihre Ehe deinen Bund, der so schlicht und heilig war, lobpreise.

Für die schwangeren Frauen: dass sie auf die Vorsehung Gottes vertrauen, so wie du während der Zeit deiner Schwangerschaft.

Für die alleinstehenden Witwen: dass sie von dir Ergebung und Gelassenheit lernen und dass sie erkennen, was Gott von ihnen verlangt.

Für die Frauen, die ein Kind beweinen: dass sie den Schmerz mitfühlen, den du beim Tod deines Sohnes empfandest.

Für diejenigen, die sich dem Tod nahe fühlen: dass sie dein von Liebe erfülltes Herz betrachten und wünschen, Gott ohne Ende zu verherrlichen."[94]

„Die Vorsehung bedient sich offensichtlich der Frauen" – Die frauliche Note in Louises Wirken

Louise versteht es, die Gaben, die ihr von Natur aus geschenkt oder im Lauf ihrer Lebensgeschichte zugekommen sind, für ihr Wirken fruchtbar zu machen. Sie kämpft nicht um die Gleichberechtigung von Frauen und Männern in der Ausübung gewisser Aufgaben wie beispielsweise dem Unterricht in den Pfarreien. Sie schafft einfach durch ihr Tun neue Verhältnisse. Dabei kommen ihr ihre Herkunft und ihr Naturell zugute. „In ihrem Trachten nach der Wahrheit bleibt sie ganz Frau. Ich will damit nicht etwa zu verstehen geben, sie habe sich in ihrem Denken und Handeln auf geschickte Weise zu wenden gewusst. Sie hat, möchte ich sagen, das sehr weibliche Bemühen, zuzustimmen, Freude zu bereiten, zu überzeugen. Sie weiß das liebende Wort zu finden, den Klang der Stimme, der Vertrautheit schafft, so dass der Leser oder die Leserin ihres Briefes spüren, wie sehr sie in der Zeitspanne, in der sie schreibt, ganz gegenwärtig waren. In solcher Verfassung nimmt man einen Tadel ohne Bitterkeit entgegen und verkostet den Charme der liebenswürdigen Weise dieses Vorgehens – nein, vorgegangen wird hier nicht, sondern ein Beispiel der ganz instinktiven Art gegeben, die mir weiblich erscheint."[95]

Die Briefe, die Louise regelmäßig an die Schwestern schreibt, die außerhalb von Paris eingesetzt sind, vermitteln davon einen sehr anschaulichen Eindruck. Louise bemüht sich darum, präsent zu sein im konkreten Alltag und in den Erfahrungen, die sie bewegen und umgekehrt allen einen Raum in ihrem Herzen zu geben. Die Persönlichkeit der Anderen rückt in den Mittelpunkt, Anteilnahme und Dialog bestimmen die Begegnung, das Moment der Betroffenheit spielt eine wichtige Rolle. Die Erfahrungen und das Leben, Leiden, Freuen und Fürchten des einzelnen Menschen, sei es ein Armer oder Vinzenz selbst, sei es eine Mitschwester oder eine Caritasdame, sind zentral, in ihnen geschieht existentiell Leben. Das Mitsein mit dem Anderen von Herz zu Herz charakterisiert Louise in ihrem Wirken. So schreibt sie beispielsweise an Schwester Jeanne Delacroix: *„Ich bin sicher, dass Sie sehr beschäftigt sind und sich auch sehr darum bemühen, unseren Schwestern in ihrem Streben nach Heiligkeit zu helfen, dennoch bitte ich Sie, Nachricht über Sie alle zu senden.*

Vor allem lassen Sie mich wissen, ob die Schwestern, während sie mit dem äußeren Dienst befasst sind, in ihrem Geist auf die Wachsamkeit über sich selbst ausgerichtet sind, so dass sie um der Liebe Gottes willen ihre Leidenschaften überwinden und im Zaum halten können, indem sie ihren Sinnen alles versagen, was sie Gott beleidigen lassen könnte. ... Sie sind in dieser Übung gut verwurzelt, meine liebe Schwester, und so erfahren Sie den Frieden, der der Seele zuteil wird, die sich auf ihren Geliebten stützt."[96]

Nach ihrem Tod beschreiben die Schwestern die Erfahrung der starken persönlichen Präsenz als wichtiges Charakteristikum in der Begleitung durch ihre geistliche Mutter und berichten folgendes Beispiel: „Eines Tages kam sie in Bicêtre uns besuchen, wo wir zu drei Schwestern krank lagen. Kaum war sie bei uns, so fühlten wir uns gesund."[97]

Dieses Eingehen auf die Situation und Verfassung des Anderen kann Louise sehr wohl kombinieren mit einer liebenswürdigen Hartnäckigkeit, die sie vor allem Vinzenz gegenüber praktiziert. Er, der immer darauf bedacht ist, der göttlichen Vorsehung nicht vorzugreifen[98], sieht sich wiederholt Louises beständigen Anfragen gegenüber und kann ihnen nicht immer widerstehen. So versucht Louise beispielsweise zu verhindern, dass Vinzenz eine Schwester allein an eine neue Einsatzstelle schickt, indem sie anschaulich ausführt, welche Schwierigkeiten äußerer und innerer Art auf sie zukommen könnten. *„Und dann, man ist ja nicht unempfindlich und es ist auch nicht wenig, dass diese guten Töchter alles verlassen, und so kann sie viel Leid tragen und da sie dann ihren Geist nicht erleichtern kann, steht zu befürchten, dass sie verzagt wird."*[99] Praktisch veranlagt wie sie ist, schlägt sie ihm eine Mitschwester vor und bietet ihm an, einen Platz in der Kutsche für sie zu reservieren. Vinzenz antwortet postwendend gleich auf demselben Briefbogen: „Ich heiße Ihren Gedanken bezüglich der Sendung von zwei Töchtern gut ..."[100]

Louises Menschenbild und ihre kreative Art, neue Perspektiven einer religiös geprägten Lebensform für Frauen zu eröffnen, verdichten sich in besonderer Weise in der Art und Weise, wie sie ihre Schwestern formt und führt. Ihr Stil lässt sich als „Pädagogik der Ermutigung" charakterisieren.

Zunächst sind die Rahmenbedingungen für sie nicht ganz einfach. Die jungen Frauen, die sich für den Dienst an den Armen zur Verfügung stellen wollen, bringen selten die optimalen Voraussetzungen mit. Sie haben zumeist keine Schulbildung, ihre religiöse Erziehung ist wenig fundiert. Einige haben von ihrer Herkunft her eine etwas raue Art im Umgang miteinander, hier ist die gemeinsame Ausbildungszeit, ähnlich einem Noviziat, ein wichtiges Übungsfeld. In dieser Zeit muss sich auch die Motivation dieser jungen Frauen klären: wollen sie sich wirklich des Armendienstes wegen der Gemeinschaft anschließen oder lockt nicht doch eher die Ausbildungsmöglichkeit in Paris?

So betont sie immer wieder: *„Eine wahre Barmherzige Schwester gehört Gott in ihrer Sorge für die Armen. Darum muss sie mehr unter den Armen als unter den Reichen sein. Sie hat Regeln, und um diese zu befolgen, darf sie keine Zeit verlieren: abgesehen von der Notwendigkeit, unter den Armen zu sein, muss sie die Gesellschaft ihrer Mitschwestern lieben."*[101]

Es ist bemerkenswert, wie es Louise gerade unter den schwierigen Ausgangsvoraussetzungen immer gelingt, die Haltung der Hochachtung und Wertschätzung zu verwirklichen und nie die Schwestern die Unterschiede in Herkunft und Bildung spüren zu lassen.

Die Ausbildung zu „guten Christinnen“, die von einem soliden Glaubensfundament her in der Lage sind, den ihnen Anvertrauten auch in Fragen der Seelsorge zur Seite zu stehen, wird verbunden mit einer gründlichen Unterweisung in den praktischen Dingen der Krankenpflege oder des Unterrichts der Kinder. Dabei werden die Fähigkeiten der Einzelnen von Louise klar gesehen und der Einsatz entsprechend angepasst. Nicht immer entwickeln sich die Schwestern so, wie sie es sich wünschen würde: *„Wir werden es mit Schwester Charlotte noch mal eine Weile versuchen. Sie ist ein armes Mädchen in Hinsicht auf unsere Arbeit, jedoch ziemlich fromm. Es werden einige Jahre nötig sein, um sie für den Armendienst auszubilden.“*[102]

Neben der individuell zugeschnittenen Förderung zeichnet sich Louises Pädagogik dadurch aus, dass sie die ihr wichtigen Inhalte nicht in großen theoretischen Abhandlungen vermittelt, sondern am Alltag mit seinen tatsächlichen Anforderungen ansetzt. Indem sie hierzu konkrete Handlungsratschläge gibt und diese weitblickend mit den Grundlagen des Dienstes der Barmherzigen Schwestern verbindet, führt sie ihre Töchter mehr und mehr zu einer eigenverantwortlichen und vom Geist der Gemeinschaft geprägten Selbständigkeit.

Dabei wissen diese Louises Ermahnungen, die im Bedarfsfall unverblümt und direkt formuliert werden, getragen von dem grundsätzlichen Zutrauen, dass die Schwestern selbst richtig handeln wollen und können. So schreibt sie einer ihrer Oberinnen: *„Die Sicherheit über ihre Liebe zum Beruf und zur Festigkeit darin lassen mich frei alles* *sagen, was mir in den Sinn kommt und alle Ermahnungen geben, die ich glaube geben zu sollen, um vorsorglich schon jenen zu nutzen, derer sich Gott bedienen will, um die Genossenschaft im Geist der Einfalt und Demut Jesu Christi zu erhalten. Ich würde mich allerdings hüten, Ihnen das alles zu sagen, wenn ich Sie nicht so gut kennte und wenn ich nicht sicher wäre, dass Sie das Gesagte gut aufnehmen und ertragen.*“[103]

Gleichermaßen versteht sie, auch das Gute zu benennen und zu stärken, um die Schwestern zu ermutigen und in der Ausdauer zu fördern. An die Schwestern in Nantes schreibt sie: „*Ich bete darum, dass die Liebe unseres Herrn Ihr liebes Herz mit ihren heiligen Flammen erfüllen möge, so dass Ihre liebe kleine Gemeinschaft ihre Funken durch die Herzlichkeit und die gegenseitige Hilfe spürt, die unter Ihnen gedeihen.*“[104]

Neben der Ausbildung der Töchter der christlichen Liebe ist Louise als geistliche Begleiterin tätig, vor allem für ihr bekannte Damen. Auch hier bringt sie die in ihrer eigenen Lebensgeschichte gereifte Menschenkenntnis und Führungsqualität zum Einsatz, wiederum in einem Feld, in dem es für eine Frau ihrer Zeit unüblich ist. Wir sehen wie bei den Töchtern, dass sie „eine Frau des Zuhörens, Beratens, des Sorgetragens, des Diagnosestellens, des Vertrauen – Schenkens und Verständnisses für jene war, die bei ihr Rat suchten .... In ihrer freundschaftlichen Beziehung unter Ebenbürtigen machte sie bewusst, dass alle Christen in der Nachahmung Jesu dafür verantwortlich sind, den Armen beizustehen, Heil und Segen jenen zukommen zu lassen, die nichts haben. Geistliche Begleitung führt zu einem Gesinnungswandel und nicht zur Anpassung an Herkömmliches.“[105]

Um Gottes Willen –
Roter Faden allen Handelns

Louises Lebensgeschichte, die Entfaltung ihres Menschseins und Frauseins, ist untrennbar mit der Entfaltung ihres Glaubenslebens verbunden. So, wie sich ihre Biographie in deutlich erkennbaren Phasen darstellt, gilt es auch für ihren Glaubensweg: sie darf unter der Führung der Gnade Gottes und ihres sichtbaren Werkzeuges Vinzenz aus einer Gläubigkeit der Angst, der Notwendigkeit, für den Makel ihrer Existenz zu sühnen und die Schuld an den Schwierigkeiten des Alltags durch asketisches Leben abzuzahlen, hineinreifen in die frohe Weite der Beziehung zum Dreifaltigen Gott und ein rückhaltloses Vertrauen in seine Vorsehung. Einige wesentliche Aspekte, die den Glauben Louises kennzeichnen, sollen nun skizziert werden.

In der Frage nach dem Willen Gottes in ihrem Leben und seiner Absicht mit ihr liegt wohl der rote Faden, an dem entlang sich Louises Glaubensweg entfaltet. Louise sieht sich – geprägt vom Gedankengut der französischen Schule – einem Gott gegenüber, dessen Majestät unermesslich ist. Dennoch bleibt dieser unendliche Gott nicht in der Unbezogenheit. Der Mensch kann seinen Willen erkennen. Diese Erkenntnis formuliert sie zunächst in abstrakter Form: „*Da im einzig wahren Sein Gottes die Wesenheit allen anderen Seins, das er in seiner Güte erschaffen hat, verborgen ist und weil von seiner Ewigkeit alle Zeit abhängt, ist es der Vernunft gemäß, diese Übereinstimmung mit seinem Willen und zu seiner Ehre zu benutzen.*“[106] Mehr und mehr wird ihr bewusst, dass Gottes Absicht sie in ihrem Leben ganz persönlich meint, dass seine Führung konkret dort ansetzt, wo ihre Fragen und Nöte sind, dass Gottes Vorsehung ihre Fähigkeiten in Dienst nehmen möchte. In verdichteter Form zeigt sich dies im Pfingstereignis, an das als Knotenpunkt ihre weitere Lebensausrichtung geknüpft ist. Die Gewissheit, dass Gottes Wille sich in den alltäglichen Fügungen verwirklicht, und ihre Entschlossenheit, sich ihm zur Verfügung zu stellen, befähigt sie dazu, ihre Kräfte zu mobilisieren – zum Teil in einem Maß, das Staunen hervorrufen muss angesichts ihrer fragilen körperlichen Konstitution.

Diese Grunddynamik überträgt sie auch auf diejenigen, die mit ihr zusammen am Werk sind; in nahezu jedem Brief, den Louise an ihre Schwestern schreibt, spricht sie diese Beweglichkeit auf Gottes Absichten hin an, in den Kleinigkeiten des Alltags ebenso wie in den großen Zusammenhängen, die das Schicksal der Gemeinschaft prägen.

> *„Lasst uns stets die Führung der göttlichen Vorsehung anbeten und lieben, die wahre und einzige Sicherheit der Barmherzigen Schwestern.“*[107]

> *„Meine lieben Schwestern, wenn wir unserem Gott gefallen wollen, dürfen wir nicht so sehr darauf schauen, was wir tun wollen, sondern was er will, dass wir tun sollen. Von dem Moment an, in dem seine Liebe Sie zu seinem Dienst berief, sah er voraus, dass Sie nach Ussel gesandt werden, und er wusste, was Sie zu tun haben würden, um das Werk zu beginnen. Er nahm mit Wohlgefallen Ihre Unterwerfung an, die darin besteht, dass Sie nur ausführen, was seine Vorsehung Ihnen vorgibt.“*[108]

In diesem Grundvertrauen ist für Louise auch die Kraft enthalten, Dinge anzunehmen, die für sie schwer sind. So kann sie einer sterbenden Schwester schreiben:

„Meine geliebte Schwester, ich bete mit meinem ganzen Herzen die Art und Weise an, in der die göttliche Vorsehung Ihr Leben zu fügen scheint. Wenn der heiligste Wille Gottes Ihre Seele zu sich rufen will, sei sein heiliger Name gepriesen! Er weiß, wie sehr ich es bedauere, dass ich Ihnen bei diesem letzten Akt der Liebe nicht beistehen kann, den Sie, so bin ich zuversichtlich, vollziehen, indem Sie Ihre Seele dem himmlischen Vater willig anbieten und dabei danach verlangen, den Augenblick des Todes seines Sohnes nachzuahmen.“[109]

In guter Gesellschaft – Geborgenheit im Dreifaltigen Gott

Louise wird nicht müde, das Geheimnis der Menschwerdung des Sohnes Gottes zu betrachten und darüber zu staunen. Dabei geht sie von der Dreifaltigkeit aus, die um des Menschen willen den Entschluss fasst, die Erlösung durch die Inkarnation ins Werk zu setzen. *„Sobald die menschliche Natur gesündigt hatte, wollte der Schöpfer im Rat seiner Gottheit diese Sünde wiedergutmachen, und darum ordnete er in größter und reiner Liebe an, dass eine der drei Personen Fleisch werde. So tritt in der Gottheit selbst eine tiefe Demut, eine wahre Demut zutage.“*[110]

Durch diese Initiative Gottes wird der Mensch befähigt, als „neue Schöpfung“ (vgl. 2 Kor 5,17) sein Leben im Blick auf Jesus Christus zu gestalten und die Trennung von Gott zu überwinden. Ihre Antwort darauf ist die unumstößliche Bereitschaft, ihm nachzufolgen und ihr Leben nach dem Modell seines Lebens, seiner Gedanken und seines Handelns formen zu lassen. Dies bezeichnet sie mit dem Begriff „nachahmen“. Dabei wird für sie zunächst bedeutsam, dass sie ganz angenommen ist mit allem, was ihre Existenz ausmacht, auch mit dem, was sie belastet.

> *„Da Jesus unser Elend auf sich genommen hat, ist es nur angemessen, dass wir ihm folgen und sein heiliges menschliches Leben nachahmen. Dieser Gedanke erfüllte meinen Geist und bewegte mich dazu, den Entschluss zu fassen, ihm von ganzem Herzen ohne jeglichen Vorbehalt nachzufolgen. Voll Trost und Glück bei dem Gedanken, dass ich von ihm angenommnen bin, mein ganzes Leben als seine Nachfolgerin zu leben, entschloss ich mich, in allem, besonders in unsicheren und fraglichen Umständen, danach zu fragen, was Jesus getan hätte …“*[111]

Der Blick auf Jesus wird aus dem Evangelium gespeist, in dem sie sowohl entdeckt, wie er den Menschen begegnet und in diesen Begegnungen handelt, als auch, welcher Geist ihn beseelt. Dies ist von den Anfängen an eine wesentliche Quelle im geistlichen Leben der Barmherzigen Schwestern. In der ersten Tagesordnung für die neu gegründete Gemeinschaft findet sich die Anweisung: *„Sie sollen ein Stück des heiligen Evangeliums lesen, um sich zur Ausübung der Tugend und zum Dienst am Nächsten in Nachahmung des Sohnes Gottes anzuregen.“*[112]

Dabei bleibt für Louise die Verbindung zum Gekreuzigten ein Leben lang von großer Bedeutung. Sie lernt, ihre Lebensgeschichte als Weg zu verstehen, der sie tiefer mit ihm verbindet, wenn sie feststellt:

> *„Gott hat mich in seiner großen Gnade seinen Willen erkennen lassen, dass ich zu ihm kommen solle durch das Kreuz. Seine Güte wollte, dass ich von meiner Geburt an nie ohne Gelegenheit zum Leiden*

sei. Und nachdem die Gnade mich diesen Zustand so oft schätzen und wünschen gelehrt hat, hoffe ich, dass seine Güte mir diese Gnade von neuem gebe, um seinen heiligen Willen zu tun. Und ich habe ihn von ganzem Herzen gebeten, mich in diesen Zustand zu bringen, koste es, was es wolle.“[113]

Aus dieser Kraft kann Louise die Schwierigkeiten ihres eigenen Lebens auf sich nehmen und versöhnt damit umgehen und zugleich den Blick über sich selbst hinaus weiten, indem sie mit der Wachheit des Herzens erspürt, wo sie anderen Hilfe werden kann, ihr Kreuz zu tragen.

In Louises Schriften und Briefen lässt sich erkennen, bis in welche Details sie es versteht, sich in das Leben und in die Gedanken Jesu Christi hineinzudenken; jede Fügung ihres Alltags, jede Erfahrung und Begegnung bringt sie in Verbindung mit ihm. So kann Vinzenz bei der Konferenz mit den Schwestern nach ihrem Tod feststellen: „Rufen wir es uns immer wieder in die Erinnerung, wie sie in allem bestrebt war, ihr Tun dem unseres Herrn gleichförmig zu gestalten. Sie bewahrheitete das Wort des heiligen Paulus: „Nicht mehr ich lebe, sondern Christus lebt in mir.“ So suchte sie ihrem Meister ähnlich zu werden durch die Nachahmung seiner Tugenden.“[114]

Der ungebrochene Blickkontakt mit Jesus Christus lässt sie viel von sich und von ihren Schwestern erwarten: *„Ich möchte Euch alle heilig wissen, um in nützlicher Weise am Werk Gottes mitzuarbeiten. Denn es ist nicht genug, zu gehen und zu geben, sondern man braucht ein Herz, das von allen Anhänglichkeiten gereinigt ist. Deshalb, liebe Schwestern, müssen wir ständig unser Vorbild vor Augen haben, nämlich das beispielhafte Leben Jesu Christi, das nachzuahmen wir nicht nur als Christen berufen sind,* *sondern mehr noch, weil wir von Gott berufen wurden, um ihm in der Person der Armen zu dienen.*“[115]

Unter dem Eindruck des Pfingstereignisses von 1623 pflegt Louise eine besondere Beziehung zum Heiligen Geist und begeht das Pfingstfest, das sie selbst „das große Fest“ nennt, mit besonderer Aufmerksamkeit. Jährlich hält sie Exerzitien zwischen Christi Himmelfahrt und Pfingsten, um sich intensiv auf die Feier vorzubereiten: „*Das große Fest, das naht, ist für mich eine kraftvolle Erinnerung an all die besonderen Gnaden, die seine (Anm.: Gottes) Güte mir vor circa 22 Jahren gewährte und die mir das Glück bereiteten, mich ihm zu übergeben, in der Weise, die Ihre Liebe kennt.*“[116] Sie hält in der Regel fest, dass die Schwestern, wenn möglich, die Zeit zwischen Himmelfahrt und Pfingsten nutzen sollen, um die Gebetsgemeinschaft von Maria und den Aposteln zu ehren, die Jesu sichtbare Gegenwart entbehren müssen und auf den Beistand in innerer Einkehr warten.[117]

Für Louise steht der Heilige Geist in einer engen Beziehung zur göttlichen Vorsehung – in seinem Licht werden Gottes Fügungen erkennbar. Eine weitere Bestätigung dafür erhält sie im Jahr 1642, als am Vigiltag von Pfingsten um ein Haar die zu einer Konferenz versammelte Gemeinschaft von einer herabstürzenden Decke erschlagen worden wäre. Für Louise ist dies der Hinweis darauf, dass die Barmherzigen Schwestern sowohl eine große Verehrung für den Heiligen Geist als auch ein rückhaltloses Vertrauen in die göttliche Vorsehung haben sollen.[118]

Ein weiterer Aspekt, der für Louise in ihrer Verehrung des Heiligen Geistes wesentlich ist, ist die Einheit, die sie in ihm verwirklicht sieht. „*Es schien mir, dass wir, um Gott treu zu sein, in großer Einheit untereinander leben müs-*

sen. Da der Heilige Geist die Einheit zwischen Vater und Sohn ist, müssen wir das Leben, das wir in Freiheit auf uns genommen haben, in großer Einheit der Herzen leben. Das wird uns davor bewahren, durch die Handlungsweisen anderer belästigt zu werden und uns befähigen, einander zu ertragen und in Herzlichkeit und Güte zusammenzuleben."[119]

Louise sieht im Heiligen Geist die Kraft, die es ihr ermöglicht, ihre eigenen Grenzen zu überschreiten, da er der Geist des Auferstandenen ist, der Tod und Dunkel endgültig gebrochen hat. Deshalb befähigt seine Kraft die Christen, Zeugnis zu geben von Gottes Wirken und die Sendung auszuführen, zu der sie gerufen sind. „*Die Gegenwart des Heiligen Geistes bewirkt in uns das Verlangen nach der Verherrlichung des Gottessohnes, die Belebung der kirchlichen Gemeinschaft, die Heiligung des Lebens durch das Zeugnis der Tat, die Gabe der reinen Liebe, die uns über unsere menschlichen Kräfte hinaus hilft, vom Leben Gottes zu leben, die Wiederherstellung der Taufgnade.*"[120]

Vom Heiligen Geist herkommend fällt der Blick unwillkürlich auf Louises Beziehung zur Kirche. Der Heilige Geist ist das Prinzip der Lebendigkeit in der Kirche, er hält sie und alle Christinnen und Christen beweglich unter seinem Anhauch und macht sie bereit und fähig, Gottes Anregungen zu folgen. In ihm werden die menschlichen Bemühungen, die aus sich allein oft zu kurz greifen würden, ergänzt und „geheiligt".[121] Zu dieser Heiligung gehört für Louise ganz wesentlich das Leben aus den Sakramenten, das sie in großer Ehrfurcht und Dankbarkeit pflegt. Die Taufe ist für sie die Grundlegung der Berufung zum Christsein, das sich in der Entfaltung der je eigenen Berufung auf vielfältige Weise auszudrücken vermag. Aus der Taufgnade erwächst die Vereinigung mit Jesus im Leben mit ihm und in der

Vereinigung mit seinem Tod: *„Die Taufe ist eine geistliche Geburt. Daraus folgt, dass der, in dem wir getauft sind, unser Vater ist, und wie gute Kinder müssen wir Ähnlichkeit mit ihm haben. Da wir auf den Tod Jesu Christi getauft sind, muss unser ganzes Leben ein fortwährender Tod sein.“*[122] Für Louise ist das Leben aus den Gelübden eine Entfaltung des Taufgelöbnisses, wie aus der Gelübdeformel sichtbar wird. *„Ich, die Unterzeichnete, erneuere in Gegenwart Gottes meine Taufversprechen und ich gelobe Armut, Keuschheit und dem ehrwürdigen Generalsuperior der Missionspriester Gehorsam in der Genossenschaft der Töchter der christlichen Liebe, um mich für die Dauer dieses Jahres dem körperlichen und geistlichen Dienst an den armen Kranken, unseren wahren Herren, hinzugeben. Ich werde dies mit der Hilfe Gottes tun, die ich durch seinen Sohn Jesus, den Gekreuzigten und die Fürsprache der Heiligen Jungfrau erbitte.“*[123]

Dieses in Jesus eingesenkte Leben wird genährt durch die Eucharistie, für Louise Zusicherung der beständigen Gegenwart Gottes in ihrem Leben, Denken und Tun. Hier wird ihr Vereinigung mit dem geschenkt, den sie zutiefst liebt.

> *„Der Sohn Gottes hat im Schoß der Heiligen Jungfrau einen menschlichen Leib angenommen ... und uns die Wahrheit des Planes Gottes in den Worten zu erkennen geben: ‹Meine Wonne ist es, bei den Menschenkindern zu sein.›*
>
> *Doch der Größe seiner Liebe war das noch nicht genug, er wollte eine untrennbare Vereinigung der göttlichen Natur mit der menschlichen. Er hat sie nach der Menschwerdung hergestellt in der wunderbaren Erfindung des heiligsten Sakramentes des Altares, in dem unaufhörlich die Fülle der Gottheit in der*

zweiten Person der heiligsten Dreifaltigkeit wohnt. Diese Vereinigung ist das Mittel, den Schöpfer mit seinem Geschöpf zu vereinigen. ... Auf diese Weise, so scheint mir, ist die heilige Menschheit unseres Herrn uns immer gegenwärtig. Seine Gegenwart ist wie die Luft, ohne die die Seele nicht leben kann.“[124]

Diese Vereinigung sucht sich ihre Ausdrucksform: „*Wir müssen ihn bitten, er möge uns in Besitz nehmen, uns ganz mit seinem Willen vereinigen, weil er unser Bräutigam ist. Wir werden unsere Liebe zum Ausdruck bringen und in ihm besonders die Ursache dafür sehen, dass er in unserm Innern wirklich anwesend ist. Schließlich wollen wir bedenken, dass er in uns wirken will, wenn wir es auch nicht wahrnehmen.*“[125]

Der Alltag, aus dem Louise kommt, hat seinen Platz in diesem liebenden Austausch, und die innige Verbindung mit Christus geht mit hinaus an die Orte, wo sein Wille zur Tat werden will. Abweichend von den Gepflogenheiten ihrer Zeit und geprägt durch die Seelenführung von Vinzenz von Paul ermutigt Louise ihre Schwestern, regelmäßig die heilige Kommunion zu empfangen, um die Verbindung zu Christus zu festigen.

Untrennbar mit dem würdigen Empfang der Heiligen Kommunion ist für Louise die Praxis einer regelmäßigen und ehrlichen Beichte verbunden. Sie neigt von Natur aus dazu, sich selbst eher zu genau zu erforschen und übersensibel auf ihre Fehler zu achten. Vinzenz als ihrem langjährigen Beichtvater gelingt es, den Schwerpunkt des Sakramentenempfangs eher auf das Vertrauen zu lenken, in dem sie Gott bitten darf, die Störungen in der Beziehung zu beseitigen. Diese befreite und befreiende Sicht kann sie weitergeben an ihre Schwestern und diese anhalten, die ihnen Anvertrauten in guter Weise auf den Empfang der Sakramente vorzubereiten.[126]

In ihren Gebeten und Betrachtungen zeigt Louise, dass sie eng mit dem Lauf des Kirchenjahres verbunden ist, seinen Rhythmus mitvollzieht und die Liturgie der Kirche zutiefst schätzt. Louise weiß sich als Teil des mystischen Leibes Christi der Kirche zuinnerst verbunden und freut sich darüber *„dass wir das doppelte Glück haben, Töchter der heiligen Kirche zu sein, ... Kinder einer solchen Mutter.“*[127]

Von Frau zu Frau – Blick auf Maria

Am Ende ihres Lebens bittet Louise ihre Schwestern in ihrem geistlichen Testament: *„... bittet die Heilige Jungfrau, dass sie Eure einzige Mutter sei.“*[128] Diese Aussage bringt den Stellenwert zum Ausdruck, den Louise der Verehrung Marias in ihrem eigenen Leben und vor allem in Hinblick auf ihre Gemeinschaft zumisst.

Maria ist in ihren Augen die Verwirklichung des geistlichen Lebens, des ganz Ausgerichtet-Seins auf Christus und die Verfügbarkeit für seinen Willen. Ihre Sicht gerät jedoch nicht in Gefahr, Maria über ihre Rolle im Heilsplan Gottes hinauszuheben. Maria ist für Louise verehrungswürdig, weil sie sich in Dienst nehmen lässt vom dreifaltigen Gott, ihr Jawort spricht zu ihrer Berufung und damit zum Vorbild der Christen wird.

Zwei Aspekte sind für Louise im Blick auf Maria bedeutsam. Zum einen stellt sie Maria als Mutter des fleischgewordenen Wortes in den Mittelpunkt, sicher auch, weil sie sich als Frau und Mutter hier wiederfinden kann. In ihren Augen hat Maria als Frau und Mutter Jesu von Gott her eine besondere Würde:

> *„Ihre außerordentliche Würde verpflichtet uns dazu, sie jeden Tag in irgendeiner Weise zu ehren. Der beste Weg, dies zu tun, ist, uns mit der Kirche zu vereinigen, besonders zu den Zeiten, die sie ausdrücklich für die Verehrung Marias vorgesehen hat. Wir sollten uns mit ihr freuen und sie für ihre Erwählung beglückwünschen, die ihr Gott zuteil werden ließ, indem er seine Menschheit und seine Gottheit in ihrem Schoß vereinigt hat. Wir sollten sie zudem anflehen, uns dabei beizustehen, in unseren Herzen eine enge Einheit mit Gott zu bewahren.“*[129]

In den Gebetsformen versucht Louise, dem Erleben Marias nachzuspüren, wenn sie beispielsweise einen Rosenkranz zusammenstellt, der die neun Monate der Schwangerschaft Marias betrachtet. In vielfältiger Weise durchbetet sie die Ereignisse der Verkündigung, der Geburt und Kindheit Jesu und die Zeit seiner Verborgenheit zusammen mit seiner Mutter, die sie besonders schätzt und verehrt. *„Unser Herr, in Armut und Verborgenheit geboren, lehrt mich die Reinheit seiner Liebe, die er seinen Geschöpfen nicht offen zeigt. Er ist einfach damit zufrieden, zu tun, was auch immer für sie notwendig ist. So muss ich lernen, in Gott verborgen zu bleiben und ihm dienen zu wollen ohne die Anerkennung der anderen oder die Befriedigung des Austausches mit ihnen zu suchen, zufrieden damit, dass er sieht, was ich sein möchte.“*[130]

Der zweite Schwerpunkt in Louises Marienverehrung ist die Verehrung der Unbefleckten Empfängnis. Sie umkreist dieses Thema immer wieder in ihren Meditationen, besonders verdichtet in der Beschreibung eines Traums, den sie am Vorabend des 8. Dezembers hat, und seiner Deutung:

> *„Am Vorabend des Festes der unbefleckten Empfängnis der seligen Jungfrau ... sah ich in einem Traum eine tiefe Dunkelheit zur Mittagszeit. ... Als die Dunkelheit verschwunden war, sah ich das Strahlen des heraufziehenden Tages und, irgendwo hoch am Himmel, eine Figur, die denen ähnelte, die uns im Evangelium von der Verklärung vorgestellt werden, aber es schien eine Frau zu sein. ... Dieser Traum ist mir im Unterschied zu meinen anderen Träumen immer im Gedächtnis geblieben als eine Symbolisierung der ersten Gnade der seligen Jungfrau, die der Anbruch des Lichtes ist, das der Sohn Gottes auf die Welt bringen sollte. ... Ich nahm diese Gedankengänge an, indem ich darüber nachdachte, dass sie nicht nur in Gottes Vorauswissen von Ewigkeit her in seinem Geist war, sondern dass sie dort auch vor allen Geschöpfen bevorzugt war, der Würde wegen, die Gott ihr als Mutter seines Sohnes bestimmt hat.“*[131]

Die Gemeinschaft der Barmherzigen Schwestern stellt Louise in besonderer Weise unter den Schutz der Gottesmutter, als sie im Jahr 1644 nach Chartres pilgert und ihr die Gemeinschaft ans Herz legt. Am 8. Dezember 1658 weiht Vinzenz diese in einem feierlichen Akt der Unbefleckten Empfängnis.

Zwischenbilanz – Der Schatz in zerbrechlichen Gefäßen[132]

Die vorangegangenen Überlegungen haben einen Bogen gespannt vom zeitgeschichtlichen Umfeld über die

Lebensgeschichte der heiligen Louise von Marillac. Wir haben markante Aspekte ihres Menschenbildes und ihres Selbstverständnisses als Frau näher beleuchtet und Eckpfeiler ihres Glaubenslebens herauskristallisiert.

Wir wollen einige Erkenntnisse festhalten, die ihre Lebensgeschichte uns vermittelt, bevor wir uns von ihr an der Hand nehmen lassen, um mit ihrer Begleitung Schritte auf ein Leben in Fülle[133] hin zu tun.

Louises Lebensgeschichte und die Umstände, die über weite Strecken ihren Lebenslauf nachhaltig beeinflusst haben, prädestinieren sie nicht von vornherein zur Heiligen. Die Ordnung einer Gesellschaft, die maßgeblich geprägt ist vom Standesdenken und die für die Tochter einer unbekannten Mutter eigentlich keinen angemessenen Platz findet, stellt Louise „nach draußen". Die für die Entwicklung des Menschseins wichtige Bindung an eine Bezugsperson in der frühen Kindheit fehlt ihr fast völlig, spätestens, als ihre Stiefmutter die Kontakte zur Familie des Vaters einschränkt. Über weite Strecken weist ihr Lebenslauf vor allem Brüche auf: die Erziehung im Kloster Poissy muss abgebrochen werden, die Zeit im hauswirtschaftlichen Internat ist unter anderem gekennzeichnet von der Notwendigkeit, wirtschaftlich zurechtzukommen, es fehlt an einer klaren Lebensperspektive. Der erste selbstbestimmte Lebensentwurf, Kapuzinerin zu werden, scheitert an der Ablehnung durch den Verantwortlichen und zwingt Louise dazu, sich gegen ihr inneres Empfinden in eine Ehe zu begeben. Diese Lebensphase wird überschattet durch die Krankheit des Mannes und die schwierige Entwicklung des Sohnes, durch die Überbelastung in der Sorge für die Verwandten. Zudem stellt Zeitlebens ihre gesundheitliche Verfassung eine Beeinträchtigung dar.

Allerdings zeigt der Blick auf ihre Lebensgeschichte auch, dass Louise nicht bei den Belastungen stehen geblieben ist. Ihnen stehen innere Kraftquellen gegenüber, die sie zum Teil selbst, zum Teil mit Hilfe anderer nutzen lernt. Drei davon verdienen besondere Beachtung.

Verwurzelung im Glauben

Die konfessionellen Auseinandersetzungen im Rahmen von Reformation und Gegenreformation hatten im Frankreich zur Zeit Louises in bestimmten Kreisen ein Milieu geschaffen, in dem eine echte und tief im Leben verankerte Frömmigkeit das Leitmotiv der Lebensgestaltung darstellt. Durch verschiedene Mitglieder ihrer Familie wird Louise in diesem Sinn geprägt. Der Wunsch nach Gottverbundenheit und Innerlichkeit im Alltag zieht sich als roter Faden durch die verschiedenen Lebensphasen und Lebensformen und gibt ihr in ihrem Leben Konstanz. Als Hilfe dazu dient ihr der feste Rahmen, in den sie ihr geistliches Leben stets bringt, zum Beispiel indem sie Tagesordnungen für sich aufstellt. Der intensive Umgang mit der Heiligen Schrift, die sie sich in sehr persönlicher Weise zueigen macht und deren Bedeutung sie betrachtend und meditierend erschließt, lässt sie in die Beziehung zu Gott tiefer hineinwachsen. Die Erfahrung der Führung Gottes in ihrem Leben, die sie jeweils an konkreten Erlebnissen festmacht, hilft ihr, immer rückhaltloser zu vertrauen und sich ohne Sicherung in Gottes Hände zu übergeben. Durch diese neue Sicherheit ist es ihr möglich, die eigenen Begrenzungen zwar ehrlich und ungeschönt wahrzunehmen, dabei aber nicht stehen zu bleiben und zu beten:

> *„Mein Gott, ich bete dich an. Ich weiß, dass du es bist, der mir das Leben schenkt. Weil ich dich liebe*

und weil du mich liebst, übergebe ich mich deinem göttlichen Willen und überlasse mich deiner Barmherzigkeit.“[134]

Geistliche Begleitung durch Vinzenz von Paul

Für Louise ist es in allen Phasen ihrer Lebensgeschichte sehr wichtig, im Bereich ihres geistlichen Lebens nicht auf sich gestellt zu sein, sondern in intensiver Form Begleitung anzunehmen. Darin sieht sie eine Versicherung, nicht nur ihre eigenen Ideen zu verfolgen und sich letztlich immer um sich selbst zu drehen. In der Person des „geistlichen Vaters“ wird der Wille Gottes für ihr Leben greifbar. Eine fruchtbare Weggemeinschaft setzt eine große Offenheit und Bereitschaft voraus, sich einzulassen, dem anderen einen Einblick zu gewähren ins Innerste und sich formbar zu halten, ohne dabei die Individualität zu verlieren oder sich zu sehr abhängig zu machen. Das Zusammenspiel mit Vinzenz von Paul wird für sie in dieser Hinsicht zum Glücksfall, allerdings erst, als sie eine bewusste Entscheidung trifft, ihn anzunehmen, auch wenn es für beide Seiten keine „Liebe auf den ersten Blick“ war. So wächst im Lauf von mehreren Jahrzehnten eine Weggefährtenschaft, die noch heute eine Ahnung davon vermittelt, wie heilsam und lebensfördernd eine solche Beziehung sein kann. Louise und Vinzenz sind Modell dafür, wie das Wort aus dem Galaterbrief konkret werden kann: „Einer trage des anderen Last; so werdet ihr das Gesetz Christi erfüllen“ (Gal 6,2).

Erfüllende Aufgabe

Der kurze Bogen über die Biographie der heiligen Louise hat gezeigt, dass die Hinwendung zu den Armen wohl ein Grundcharakterzug ihrer Persönlichkeit ist. Bereits in ihrer Ausbildungszeit hat sie einen wachen Blick dafür, dass ihre Internatsleiterin, die arme Demoiselle, kaum ihr Auskommen hat und sie unterstützt sie sowohl durch eigene Arbeit als auch durch die Entwicklung einer Strategie, das Einkommen auf Dauer zu vermehren. Während ihrer Ehe teilt sie nicht nur mit ihrem Mann die Sorge um die Kinder ihrer Tante, sondern besucht regelmäßig die Armen in ihrer Pfarrei. Diese Grundausrichtung kommt zur vollen Entfaltung, als Vinzenz sie konkret beauftragt, mit der Visitation der Caritasvereine zu beginnen. Hier tragen ihre Potentiale reiche Frucht und erschließen immer weitere Kreise der Verwirklichung. Ihr Lebenswerk ist die Gemeinschaft der Barmherzigen Schwestern: hier bündeln sich organisatorische Fähigkeiten, menschliche Kompetenz, spirituelle Reife und mütterliche Fürsorge zur Erfahrung von erfüllendem Lebenssinn. Dies ist für Louise die kraftvollste Ressource, die ihr ermöglicht, die Belastungen ihres Lebens zu überwinden. In dem Maß, in dem sich die Beengungen in Louises Leben lösen, in dem sie zur inneren Freiheit findet und sich so Anderen zuwenden kann, wächst ihr frohe Gelassenheit zu. Vinzenz unterstützt sie darin: „Seien Sie auf Ihrer Reise recht heiter, denn Sie haben viel Grund dazu in der Art und Weise, wie unser Herr Sie beschäftigt."[135]

Louise lernt, ihre Ungeduld, die sie vor der Erfüllung der Pfingstverheißung umgetrieben hat, mehr und mehr abzulegen und sich Schritt für Schritt in Dienst nehmen zu lassen, ohne fertige Ergebnisse erzwingen zu müssen. So kann sie ihren Schwestern zusprechen:

> *„Es scheint mir, dass unsere innere Zwiesprache mit Gott in einer beständigen Erinnerung an seine heilige Gegenwart bestehen sollte. ... In allen Situationen, die für unser Empfinden schmerzlich sind,*

müssen wir Gottes väterliche Güte bedenken. Wie ein guter Vater erlaubt er der Rute seiner göttlichen Gerechtigkeit uns zu berühren, manchmal, um uns zu korrigieren, zu anderen Zeiten, um uns seine große Liebe zu zeigen, indem er uns die Leiden seines Sohnes teilen lässt, so dass wir gleicherweise seine Verdienste teilen dürfen. ... Wenn wir erfreuliche Dinge erleben oder wenn unsere Unternehmungen den Erfolg haben, den wir uns wünschen, wollen wir, bevor wir uns der Freude des Augenblicks überlassen, innerlich zu Gott hinschauen und ihm für seine Barmherzigkeit danken, da es allein seine Liebe ist, die uns diesen Trost spendet. ... Wir müssen uns oft ihm hingeben, ihm unsere Herzen, erfüllt von Vertrauen und Dankbarkeit, zeigen und uns bemühen von Zeit zu Zeit ein Stoßgebet zu flüstern.“[136]

„Ich wünsche Euch Hochherzigkeit" – Louise als Lebensbegleiterin

Hinweise zum Umgang mit Stolpersteinen – Leben mit Brüchen

Ein Blick auf die Realitäten unserer Zeit zeigt, dass Biographien in zunehmendem Maß von Brüchen gekennzeichnet sind: Ehen und Familien zerbrechen, Partnerschaften werden mehr und mehr als „Lebensabschnittsgemeinschaften“ angelegt. In der Arbeitswelt fordern rasche Veränderungsprozesse flexible Anpassungsbereitschaft und gegebenenfalls mehrfache Umorientierungen, und längst stehen jungen Menschen heute nicht mehr alle gewünschten Möglichkeiten offen.

Aus ihrem biographischen Hintergrund heraus können wir Louise in diesem Heute noch einmal neu als Vorbild und Orientierung entdecken. Sie hat selbst erlebt, wie das Aufwachsen ohne intakte Familie aussieht; ihre uneheliche Geburt hat sie im Gesellschaftsgefüge ihrer Zeit an den Rand gedrängt. Ihre Jugend war geprägt von wirtschaftlichen Beengungen und der bedrängenden Frage nach einem sinnerfüllten Lebensentwurf. Sie hat in der Zeit ihrer Ehe Freude erlebt, aber auch gespürt, dass die Treue und das gemeinsame Bewältigen von Aufgaben mitunter harte Anforderungen an diese Gemeinschaft stellen. Als Mutter muss sie lernen, mit der problematischen Entwicklung ihres Kindes umzugehen und nach dem Tod ihres Mannes teilt sie das Schicksal alleinerziehender Mütter. Als Witwe ist sie gefordert, ihre eigene Lebensform und Aufgabe neu zu finden und zu definieren und findet schließlich im gottgeweihten Leben ihr Ziel. Dabei eröffnet sie dieser Lebensform eine neue Verwirklichungsmöglichkeit in apostolisch-caritativer Gemeinschaft.

Louise von Marillac

Als Ressourcen, die Louise befähigen und ermächtigen, sich den Herausforderungen ihres Lebens zu stellen, sind ihre Verwurzelung im Glauben, ihre Bereitschaft sich führen zu lassen und ihr Engagement im Dienst an den Armen besonders in den Blick gekommen.

Louise steht mit ihrem eigenen Heilwerden und Heiligwerden als Garantin dafür, dass die biographischen Rahmenbedingungen, die dem eigenen Leben gesteckt sind und die mitunter als Belastung und Beschränkung von Lebensmöglichkeiten erlebt werden, ein Leben lang Gestaltungsmöglichkeiten bieten, dass sie keine schicksalhaft gegebene Konstante darstellen, die einen Lebenslauf prädestiniert.

Louises Vorbild ermutigt dazu, aktiv mit den eigenen Brüchen umzugehen und das darin verborgene Entwicklungspotential wahrzunehmen. Erst aus der Versöhnung mit der eigenen Lebensgeschichte kann eine wirkliche Offenheit erwachsen, den Schritt auf den Anderen hin zu tun. Erst in der Auseinandersetzung mit dem Eigenen reift die Fähigkeit, in gesundem Sinn selbst-los für den Anderen dasein zu können. Dann können sich Sensibilität und Aufmerksamkeit für die Bedürfnisse des Andern voll entfalten, die Fähigkeit, sich auf Menschen einzulassen, für sie Sorge zu tragen, fruchtbar werden.

Weil Louise die Auseinandersetzung mit ihren eigenen Belastungen nicht gescheut hat, kann sie in einer überzeugenden Weise zur Wegbegleiterin werden, die anderen den Horizont eines sinnerfüllten Lebens aufzuschließen vermag. In den Beziehungen, die sie gestaltet hat, wird die Möglichkeit der Gottesbegegnung in der konkreten Begegnung von Mensch zu Mensch eröffnet. Dabei gilt: „Diakonisch heilende Praxis wird möglich, wenn Glaube, Hoffnung und Liebe im Leben der Christen Raum gewinnen. Mit dieser Art von Lebenskultur werden sie durchlässig für die Nähe und Treue Gottes und schaffen ein Klima, in dem Gebeugte, Deprimierte und Gekränkte aufatmen können. ... Martin Buber sagt: „Wir warten auf eine Theophanie, von der uns nichts bekannt ist, außer der Ort, und dieser Ort heißt Gemeinschaft."[137] In ihrer eigenen Gemeinschaft wird ein Milieu spürbar, in dem Menschen zur Versöhnung mit sich und ihrer Geschichte finden und so zu einer echten Hilfe für Andere in Not werden können. Als geistliche Begleiterin führt sie darüber hinaus einzelne auf ihrem persönlichen Glaubensweg zu einem erfüllenden Ja zu ihrer je eigenen Berufung. Damit legt Louise uns ein erstes Profilmerkmal eines von ihr inspirierten Lebensstiles ans Herz: im dankbaren Annehmen der Führung Gottes im eigenen Leben und der so möglichen Aussöhnung mit den Fragmenten in der eigenen Biographie entsteht der Raum für heilvolle Begegnung, der gekennzeichnet ist durch aufmerksame Einfühlung und bestärkenden Respekt vor der unverlierbaren Würde des Anderen. Die Formen von konkret erfahrener Gemeinschaft in ihren mannigfaltigen Verwirklichungsformen können so ein Ort werden, an dem sich Himmel und Erde berühren.

Gesucht: Prophetinnen und Propheten – Leben in Offenheit für das Geisteswehen

In der Tradition der alttestamentlichen Schriften ist das Prophetentum dadurch gekennzeichnet, dass ein Mensch sich ganz in den Dienst des rufenden Gottes stellt und so seinen Beitrag leistet, dass Gottes Offenbarung verstanden werden kann. Dies „setzt voraus und verlangt, dass der Prophet sich neu in Einklang mit Gott begibt, sein Wort allem vorzieht, Gottes Plan unentwegt in seine Zeit stellt und die Menschen auf Gott hinlenkt.“[138]

In diesem Sinn lebt Louise prophetisch. Zusätzliche Konturen gewinnt diese Lebensausrichtung, wenn wir nochmals ausdrücklich auf sie in ihrem Frausein schauen.

Die kirchliche Lehrverkündigung spricht vom „Prophetentum der Frau“, das in einer besonderen Beziehung zum Heiligen Geist steht.[139] Das prophetische Element des Frauseins liegt in einer Art „leibhaftiger“ Verkündigung begründet, die sich aus dem Leben als Frau ergibt. Indem sie ihr spezifisch frauliches Menschsein lebt, verkörpert sie die in den biblischen Bildern gebündelten Aussagen zum Liebesverhältnis von Gott und Mensch. Das innere Ausgerichtetsein auf Gott und die liebende Hingabe als Abbild seiner innergöttlichen Dynamik des Lebens und Verschenkens wird so zum prophetischen Zeichen, das gerade von der Frau gelebt wird und letztlich deren Wesen verbildlicht. Der Blick auf Maria als umfassende Verwirklichung dieser Haltung zeigt die besondere Verbindung des Prophetentums mit dem Heiligen Geist. So wird das Empfangen des Geistes und das „zur Welt bringen“ dessen, was er im Herzen bewirkt, zu einer im Wesen der Frau verwurzelten Sendung und Berufung.

Diese Offenheit, sich auf die Impulse des Gottesgeistes einzulassen und daraus Schritte zu setzen, die die eigene Lebensgeschichte nachhaltig prägen und lenken, haben wir bei Louise gesehen – an ihr wird die Dynamik erkennbar, die so entsteht. „Der Mensch überlässt sich mitsamt seiner existentiellen Sehnsucht in aktivster Passivität der Initiative des Heiligen Geistes, der durch das geoffenbarte Wort das Menschliche und das Allzumenschliche zurechtrückt, über sich hinausführt und so vollendet. Er verleiht aber nicht nur Licht zum Sehen, sondern auch Kraft zum Handeln, erlöst zugleich aus Verblendung und Ohnmacht.“[140]

Vom eigenen lebensgeschichtlichen Hintergrund herkommend, führt der Heilige Geist in je einzigartiger Weise zu einem Lebensentwurf, der Sinnerfüllung im eigenen Leben und für die Anderen zu stiften vermag. Ansatzpunkt dafür ist eine Haltung, die die Tradition der Kirche als „Jungfräulichkeit“ bezeichnet und die Louise als Gelübde gelebt hat. Der jungfräuliche Mensch erfährt Entlastung: nicht das Hier und Jetzt ist die abgeschlossene Lebenswelt, in der die vollständige Erfüllung gefunden werden muss. Es bleibt immer etwas offen, zu erwarten.

Diese Überzeugung wird sowohl die eigene Lebensgestaltung als auch den Umgangsstil des Miteinander prägen: das Erwarten des immer noch Ausstehenden führt zu einer Haltung der Aufbruchsbereitschaft und des Muts zu neuen Schritten. Jede Gemeinschaft und so auch die Kirche lebt davon, dass die ihr zutiefst im Inneren eigene Vision lebendig gehalten wird. Die Kultur der Aufbruchsbereitschaft ist deshalb gerade in unserer Zeit, die weithin unter der Übermacht der Resignation steht, ein wahrhaft prophetisches Zeichen. Es sind eben nicht nur die Statistiken mit ihrer unübersehbaren Abwärtsbewegung in den Kurven zu Kirchenbindung und Gottesdienstbesuch, die die Realität kirchlichen Lebens aufzeigen – es sind mindestens in gleichem Maß die Menschen, die sich bewegen lassen vom Heiligen Geist, die sich in der Verwirklichung ihrer Berufung Gottes Führung überlassen, weil sie im Glauben gewiss sein dürfen, dass sie so den Weg zum Leben in Fülle finden.

Das Erwarten-Können legt zudem ein klares Zeugnis dafür ab, dass in einer von Leistung und Anspruch geprägten Gesellschaft und einem Lebensgefühl, das lediglich Wert und Gegenwert, Leistung und Gegenleistung als Grundmuster der Beziehungsgestaltung kennt, die Fähigkeit des Schenkens und sich beschenken Lassens einen unverzichtbaren Gegenpol setzen muss. Das wahrhaft Erfüllende im Leben ist nicht machbar, sondern muss als Geschenk empfangen werden. Wer sich aber als Beschenkte erlebt, kann selber schenken – sich selbst in einer Haltung der Hingabe und alles, was zur Verfügung steht, Fähigkeiten und Charismen, Zeit, die Kraft des Herzens, der Hände und des Geistes. Das Wissen, dass Gott immer das „Mehr" bereithält, ermöglicht eine innere Freiheit und die Fähigkeit, loszulassen, nicht den Anderen oder die Gemeinschaft damit zu überfordern, dass die perfekte Verwirklichung der Wünsche und Sehnsüchte von ihnen erwartet wird. Diese innere Freiheit wird auf Beziehungen gleichermaßen befreiend wirken wie auf Organisationsformen und Strukturen. Der Geist der Freiheit bekommt so Raum an den Orten, wo Menschen zusammenleben.

Im Blick auf Louise finden wir also ein weiteres wesentliches Profilmerkmal für gelingende Lebensgestaltung – das prophetische Zeichen des sich Überlassens, der Gelassenheit im Glauben, die weiß, dass Gottes Liebe unendlich ist in ihrer Kreativität und die in der Offenheit für das Geisteswehen sich Leben in Fülle schenken lassen kann. Sie selbst bringt dies auf den Punkt: *„Ich werde die Gnade des Hl. Geistes erbitten, in den ich ein großes Vertrauen setze, damit sein heiliger Wille geschehe, der der einzige Wunsch meines Herzens ist.*"[141]

Ergänzung statt Gegeneinander – Modell der Gefährtenschaft

Der Blick auf die Schöpfungsgeschichte zeigt, dass in Gottes Schöpferwillen, in dem alles „sehr gut“ war (vgl. Gen 1,31), Mann und Frau einander zugeordnet sind. Nur die Frau kann, so drückt es die bildhafte Sprache des Buches Genesis aus, dem Mann eine „Hilfe“ sein, die ihm entspricht (Gen 2,18), sie allein erfüllt seine Sehnsucht, da sie endlich „Bein von meinem Bein und Fleisch von meinem Fleisch“ (Gen 2, 23) ist. Diese paradiesischen Zustände werden durch die Ursünde zerbrochen, eine Struktur der Unterordnung tritt an die Stelle der „Einheit der zwei“.

Dieser Bruch stellt noch heute seine Anforderungen an eine Gestaltung des Miteinander und Zueinander der Geschlechter, das über lange Jahrhunderte hin von Unterdrückung und Diskriminierung der Frau belastet wurde. Die Gegenbewegung, die auf ein gewaltsames Abschütteln dieser ungerechten Strukturen zielt, ist zwar verständlich, aber genauso wenig geeignet, zu der ursprünglichen und wahrhaft ebenbürtigen Urbeziehung zurückzufinden.

Wie kann der Weg dorthin aussehen? Louise kann zu dieser Thematik einen wichtigen Beitrag leisten, der im Wesentlichen an ihrer Beziehung zu Vinzenz von Paul abzulesen ist. Louise nimmt ihre Lebensgestaltung bewusst als Frau in die Hand und sucht so nach der Verwirklichungsform ihrer Berufung. Vinzenz als ihr Begleiter legt die Beziehung aus seiner Sicht als Raum an, in dem sich die in Louise vorhandenen Charismen in idealer Weise entfalten können. Diesen beiden Heiligen geht es in ihrer Beziehung nicht um Selbstverwirklichung in Abgrenzung voneinander, die zu Rivalität führen würde, sondern um die Ausprägung der je eigenen Fähigkeiten und Stärken, die im Dienst an der gemeinsamen Sendung dieser ein unverwechselbares Gesicht zu geben vermögen. Dabei steht weder für Vinzenz noch für Louise das Anliegen im Vordergrund, direkt die gesellschaftlichen Konventionen ihrer Zeit zu durchbrechen. Die Veränderung geschieht auf indirektem Weg, indem Fakten geschaffen werden: Vinzenz beauftragt Louise mit der Visitation der Caritasvereine in den Ländereien, also reist sie mit der Postkutsche über Land; die Not erfordert, dass Louise bei den Besuchen vor Ort Glaubensunterweisung erteilt, also wird sie als Katechetin tätig. Dieser Unterricht braucht eine spezifische Grundlage, also verfasst sie einen eigenen Katechismus – die Reihe dieser Beispiele ließe sich noch lange fortsetzen. Etwas pointiert könnte gesagt werden, dass Louise und Vinzenz eine eigene „Frauenbewegung in der Kirche“ zuwege bringen, indem sie vor allem mit Frauen arbeiten, die quer über die Standesgrenzen hinweg sich für das Anliegen caritativen Helfens begeistern lassen: die Frauen in den Caritasvereinen, die mit Ämtern und Verantwortung ausgestattet werden, die Damen der Gesellschaft, die über finanzielle Mittel und auch persönlich zum Fortbestand der vinzentinischen Werke maßgeblich beitragen und schließlich die „guten Landmädchen“, wie Vinzenz sie nennt, die durch ihr leidenschaftliches Engagement den Grundstein für eine neue Form gottgeweihten Lebens im Dienst für den Nächsten in der Kirche legen helfen.

Manche Forderungen nach einer wahrhaftigen, vom inneren Wesenskern her stimmigen Gleichberechtigung sind in aller Stille und Alltäglichkeit von Louise und

Vinzenz in ihrem Aktionsradius bereits wie selbstverständlich umgesetzt. Dazu gehören zum Beispiel die Möglichkeiten der Mitgestaltung der Gesellschaft, die Louise und manche ihrer adeligen Mitstreiterinnen sich suchen, indem sie über ihre Kontakte zu einflussreichen Persönlichkeiten konkrete Projekte möglich machen. Auch die freie Entscheidung über die Lebensform, entweder als Familienmutter oder unverheiratete Frau im Dienst des Caritasanliegens, wird von beiden gefördert und über die Genossenschaft der Töchter der christlichen Liebe eine echte Alternative zu Familie einerseits und klausuriertem Ordensleben andererseits geschaffen.

Louise war in verschiedenen Bereichen eine stille Pionierin mit klaren Zielvorstellungen, keine lautstarke Revolutionärin, die mit großer Öffentlichkeitswirksamkeit ihre Ziele durchzuboxen versucht hätte. Das lässt sich gut an der Entstehungsgeschichte der ersten Regel nachvollziehen: sowohl Vinzenz als auch Louise wissen, dass sie sich mit der Gründung ihrer Gemeinschaft auf Glatteis begeben (kirchenrechtlich durften keine neuen Ordensgemeinschaften mehr entstehen). Sie versuchen, das Anliegen mit Kreativität zu verwirklichen, indem sie ihren Töchtern einschärfen, sich ja nicht als Ordensfrauen zu bezeichnen, um nicht in Klausur gezwungen zu werden. Louise will überdies in den Konstitutionen festgehalten wissen, dass der Generalsuperior der Kongregation der Mission, also Vinzenz und seine Nachfolger, rechtlich die Vorgesetzten der Genossenschaft bleiben würden, um so den Geist unverfälscht bewahren zu können. Der Erzbischof von Paris versucht, die Gemeinschaft unter seine Oberaufsicht zu stellen. Louise nimmt nicht die direkte Konfrontation mit ihm auf, erreicht aber doch durch geschickte Interventionen, dass die Regel die Unterstellung unter den Generalsuperior beinhaltet.

Oft spricht und schreibt Louise vom Gehorsam, wodurch sie im Lauf der Geschichte immer wieder als unselbständige und ängstliche Persönlichkeit dargestellt worden ist. Hier lohnt ein näheres Hinsehen, wie sie diesen Begriff gefüllt hat, da er für die heutige Zeit wertvolle Aspekte zum Verständnis beizutragen hat.

Louise hat in ihrer Lebensgeschichte und in den Schicksalen ihrer Familie mehr als genug erfahren müssen, wohin Missbrauch von Macht führen kann. Daraus entsteht in ihr eine hohe Sensibilität dafür, dass Macht zwar notwendig ist, um Gestaltungsprozesse in die Hand nehmen zu können, diese jedoch mit sehr feinem Fingerspitzengefühl einzusetzen ist, wenn der Andere in seiner Würde nicht verletzt werden soll. Für Louise ist die Bezugnahme auf den Gehorsam eine Rückversicherung, selber unter der Autorität eines Anderen zu bleiben, Maß zu nehmen am Schwächeren, der durch ihr Tun wachsen soll und nicht beschränkt werden darf. So kann sie von den Armen als Herren und Meister sprechen, um derentwillen die Werke der barmherzigen Hilfe aufgebaut werden und die letztlich über ihre Bedürfnisse und Nöte zu steuern haben, wie sie gestaltet werden. Louise bewegt sich damit in der Spur Jesu, der den Gehorsam seinem Vater gegenüber als Hingabe exemplarisch vorgelebt hat. „Das christologische Freiheitskonzept entwirft ein Bild vom Menschen, das besagt: Der Mensch wird erst frei, indem er sich hingibt für das Du des Anderen. Hier zeigt sich eine Freiheit, die in einer absoluten Gegenbewegung zum modernen Freiheitskonzept steht. Eine Freiheit, die sich nichts vergibt, wo sie sich selbst weggibt.“[142]

Louise und ihre Schwestern inmitten der Armen

Mit ihrem Verständnis von Gehorsam und ihrem Lebenswerk, das sich in Ergänzung mit Vinzenz von Paul als ganzheitliches Wirken darstellt, zeigt Louise uns ein drittes Charakteristikum für den Weg zu einem gelingenden Lebensentwurf. Die Entfaltung der vollen menschlichen Möglichkeiten, des Genius der Frau wie des Mannes, kann nur in gegenseitiger Ergänzung und Wertschätzung geschehen und im Einsatz für eine Sendung, an der sich die Orientierung für die Dynamik der eigenen Hingabe ausrichten kann. Wird die Perspektive der Ergänzung wirklich ernst genommen, vermag sie der oft eingeengten Diskussion über das Verhältnis der Geschlechter manche fruchtlose Fixierungen zu nehmen. Das setzt allerdings voraus, dass scheinbar nebensächliche Unebenheiten im Alltag wahrgenommen und beseitigt werden, eine echte Gefährtenschaft praktiziert wird. Louise und Vinzenz haben dies modellhaft vorgelebt.

Die Würde des Dienens – Leben für Andere

Louise ist durch und durch beseelt von der Leidenschaft für die Armen. Nicht erst in unseren Tagen hat die Rede vom Dienen einen unangenehmen Beigeschmack. Zu Louises Lebenszeit ist die Gesellschaft straff gegliedert, das hierarchische Gefüge undurchlässig und starr. Deshalb tragen nicht wenige der ersten Schwestern den heimlichen Wunsch im Herzen, „nach oben zu kommen", ihren Status der „kleinen Leute" ablegen zu können. Darin sieht Louise eine ernstzunehmende Gefahr für den Geist der Genossenschaft. „Die Furcht ist nicht unbegründet. Die Schwestern, voll Eifer, unternehmungsfreudig, offen, erfolgreich, sind sehr geschätzt. Natürlich gehen sie mit den Damen um, unterhalten sich mit der Königin, und die Gefahr besteht, dass die Lebensweise der Damen ein wenig abfärbt auf die einfache Art der Schwestern."[143] Wohl deshalb spricht Louise so oft vom inneren Wesen des Dienstes, des diakonischen Handelns, wie sie es als notwendig und heilvoll erkennt.

Das zentrale Moment liegt für Louises Verständnis von Dienen darin, dass das Tun und die Zuwendung, die die Schwestern schenken, mehr ist als bloße Dienst-Leistung, die die Einzelne zu erbringen hat; vielmehr liegt der Ansatz in der Beziehung zwischen der Einzelnen und Gott. Von Gott her ist jeder Mensch zunächst ein Beschenkter, Empfänger und Bedürftiger – Gott dient dem Menschen. Das setzt auf Seiten des Menschen Offenheit und Empfänglichkeit voraus, ein Anerkennen der eigenen Angewiesenheit.

„Der Mut zu dienen – die „De-Mut" – hat sein Wahrheitsmerkmal und sein Gütezeichen somit darin, dass jene, die anderen dienen wollen, selbst willens und fähig sind, sich als bedürftig, als hilflos und vom Dienst anderer abhängig zu verstehen und zu verwirklichen. Anders würde der gute Wille, anderen zu dienen, allzuleicht zur Neurose der hilflosen Helfer, und das Gebot der Selbst-, Nächsten- und Feindesliebe würde zum gottlosen Gesetz...; Caritas würde zur pastoralen Strategie, zur – anscheinend spirituellen – Selbstüberforderung; die Kunst des Evangeliums, sich im Dienen von den armen Anderen (und der Armut in sich selbst allererst) beschenken zu lassen, würde pervertiert, und der hilfsbedürftige Andere würde zum bloßen Aufhänger, zum Opfer einer letztlich ichsüchtigen Diensthaltung, vermeintlich „um des Himmelreiches willen". Der Helfer selbst ist die wahre Hilfe, wenn und insofern er sich – in Rückbindung an Jesus Christus – als empfänglich erweist für die Hilfe anderer."[144]

Louises Dienstverständnis steht also mit der Haltung der Armut in Verbindung. Es geht darum, die eigene Bedürftigkeit anzunehmen und sich zu öffnen für alles Geschenkte. Diese Grundausrichtung ermöglicht die Freiheit, auf egozentriertes Habenmüssen verzichten zu können und solidarisch zu teilen. Erst aus dieser Grundhaltung der Solidarität in der Bedürftigkeit und Armut vor Gott wird Begegnung auf gleicher Augenhöhe von innen heraus glaubhaft.

Weil aber der Dienst am Armen Gottesdienst ist, eignet ihm eine unschätzbare Würde, eine Teilhabe an der Sendung des Heilandes, ein sich Einfügen „in den messianischen Dienst Christi".[145] Weil Jesus selbst gekommen ist, „nicht um sich bedienen zu lassen, sondern um zu dienen" (vgl. Mt 20,28), verbindet sich Nachfolge mit der Bereitschaft zum Dienst. „Christus, der ‹Knecht des Herrn›, wird allen Menschen die königliche Würde des Dienens offenbaren, mit der die Berufung jedes Menschen eng verknüpft ist."[146] Wenn Jesus selbst das Vorbild dieser Haltung und ihrer Verwirklichung ist, dann ist diakonisches Handeln geprägt von spontaner Zuwendung ohne Vorbehalte zu jedem Anderen, der der Hilfe bedarf. Diakonisches Handeln berührt den Anderen und ist aus dem Respekt vor seiner Würde heraus sensibel dafür, der Asymmetrie einer helfenden Beziehung entgegenzuwirken. Die Persönlichkeit des Anderen rückt in den Mittelpunkt, Anteilnahme und Dialog bestimmen die Begegnung. „Das Verhältnis zum Anderen, als ein Verhältnis der Anerkennung des Anderen ist aus dialogischer Sicht kein zum Menschen hinzukommendes Moment, keine (moralisch) einzufordernde Größe. Anerkennung des Anderen ist der Verwirklichung des Menschseins im Grundwort Ich – Du immer schon eingeschrieben.“[147]

Zudem gehört zu den Merkmalen, die für Louise den Dienst der erbarmenden Liebe auszeichnen – neben der vorausgesetzten Fachkenntnis – die Haltung der Verfügbarkeit, die sich den Anforderungen in ihrer je neuen Gestalt anzupassen bereit ist, weil letztlich Gottes Anruf in der aktuellen Situation sich Gehör verschafft.

Louise wird nicht müde, ihre Schwestern zu motivieren, indem sie ihnen die Größe und Würde ihrer Berufung vor Augen hält, in der es darum geht, in der Nachfolge Jesu dazusein für all die, die an den Rand geraten sind, die sich nicht oder nicht mehr selbst helfen können, und diese Motivation braucht es auch heute. „Der moderne Mensch, der vehement nach Freiheit, Selbständigkeit, Unabhängigkeit strebt und mit der Freiheit auch die oft übergroße Last der Einsamkeit und Verantwortung auf sich geladen hat, muss neu die Tugend des Dienens lernen, weil Einheit und Gemeinschaft nur wachsen, wenn einer dem anderen dient, sich riskiert, selbst das Wagnis eingeht, ausgenützt und enttäuscht zu werden. Denn Gemeinschaft lebt von der

Gnade des Sich-Schenkens und Sich-Beschenken-lassens, des Dienens und Sich-Dienen-lassens."[148]

In dieser Sicht des Dienstes werden die Denkschemata von „oben" und „unten" aufgelöst. Louises vom Evangelium geprägte Sichtweise regt dazu an, über das eigene Autoritätsverständnis nachzudenken. Es geht darum, sich in den Andern einzufühlen und die in ihm angelegten Fähigkeiten ans Licht zu holen. Seine Bedürfnisse finden dabei ihren Platz, weil in einer ganzheitlichen Perspektive die Leistung, die erwartet wird, nicht von der Person zu trennen ist. Das Bemühen, den Andern wachsen zu lassen, ist der eigentliche Sinn von Autorität, die darauf zielt, vorhandene „Potentiale zu maximieren und die gemeinsamen Energien auf das Erreichen eines gemeinsamen Zieles hin zu bündeln."[149]

Dabei ist an ihrem Beispiel abzulesen, dass Dienen zu Unrecht mit unterwürfiger, unselbständiger Opferbereitschaft und Scheu vor Verantwortung assoziiert wird. Es geht vielmehr darum, in der Begegnung mit der Not des Andern die eigene Person in die Waagschale zu werfen, anwaltschaftliche Funktionen zu übernehmen und die anvertrauten Gaben, Fähigkeiten und Fertigkeiten einzusetzen.

Da in der Begegnung mit dem Armen Gottesbegegnung geschieht, geht es nie nur um die unmittelbare Handlung, sondern darüber hinaus um die Verfügbarkeit für Gottes Auftrag. Ihr liegt das Bewusstsein der Armut vor Gott zugrunde, die in die Freiheit solidarischer Bedürftigkeit führt, die sich in Gott geborgen wissen darf. Die von Gott geschenkte Würde findet zu ihrer vollen Entfaltung, wenn sie sich hineingibt in die Würde des Dienens in der Nachahmung Jesu, und ihm damit immer ähnlicher wird.

Den Edelstein in die Hand nehmen – Schlussbetrachtung

„Es ist in diesem Jahrhundert offensichtlich, dass die göttliche Vorsehung sich der Frauen bedienen wollte um zu zeigen, dass es allein seine Güte ist, die den bedrängten Menschen helfen und ihnen kraftvolle Hilfe für ihre Erlösung bringen wollte.“[150] In dieser schlichten Selbstverständlichkeit formuliert Louise das Sendungsverständnis, in das sie sich Schritt für Schritt führen ließ.

Unserer Zeit mit ihren spezifischen Herausforderungen steht Louise sehr nah: sie kennt die Schwierigkeiten familiärer Brüche, den passageren Charakter unterschiedlicher Lebensformen, die Notwendigkeit, sich auszusöhnen mit den Belastungen auferlegter Lebensumstände. Gerade in dieser Nähe liegt die Chance, durch sie den Zugang zu den Ressourcen zu finden, die ihr ermöglicht haben, selbst eine heile und heilige Frau zu werden.

Ihr Leben ist Einladung und Herausforderung, den eigenen Lebensweg als Weg der Vorsehung Gottes anzunehmen, wie sie aus Stolpersteinen ein Lebenshaus zu bauen, das uns selbst und Anderen zur Heimat wird, die eigenen Kraftquellen zum Sprudeln zu bringen. Daraus kann in je neuer, kreativ gestalteter Art das Engagement für die Anderen erwachsen, das letztlich zur vollen Entfaltung erfüllten Menschseins gehört.

Dabei zeichnet sie sich aus durch die gelungene Verbindung eines höchst aktiven, für den Anderen engagierten Lebens, „geprägt von den außerordentlichen Gaben eines konkreten Organisationstalentes“[151] mit einer tief innerlichen Spiritualität, die ihr Engagement davor bewahrt, auszubrennen und ins Leere zu laufen.

Darüber hinaus hat Louise auch die Unfreiheit und Obdachlosigkeit der Seele erkannt und verstanden, dass der wohl wertvollste Dienst, den ein Mensch für einen anderen leisten kann, der ist, ihn in die Freundschaft mit Gott hineinzubegleiten.

Sie ist als Frau Bestärkung für alle Frauen, den Reichtum ihrer Gaben zu entdecken und in Familie, Kirche und Gesellschaft zu leben.

Sie steht als Patronin[152] allen, die sich heute für die Anderen in den vielgestaltigen Nöten einsetzen, mit Herz, Hand und Geist als „himmlischer Schutz" zur Seite und unterstützt sie darin, selbst heil und aus der Mitte ihres Personseins heraus ihre Berufung und Sendung zu verwirklichen.

Louise soll das letzte Wort haben. Vielleicht würde sie uns heute so Mut zusprechen wie den beiden Schwestern, denen sie 1645 in einer für sie herausfordernden Situation schreibt:

„Haben Sie ein unerschrockenes Herz, das nichts schwierig findet um der heiligen Liebe Gottes und seines gekreuzigten Sohnes willen, in dem ich, meine lieben Schwestern, Ihre sehr demütige Schwester und Dienerin bin."[153]

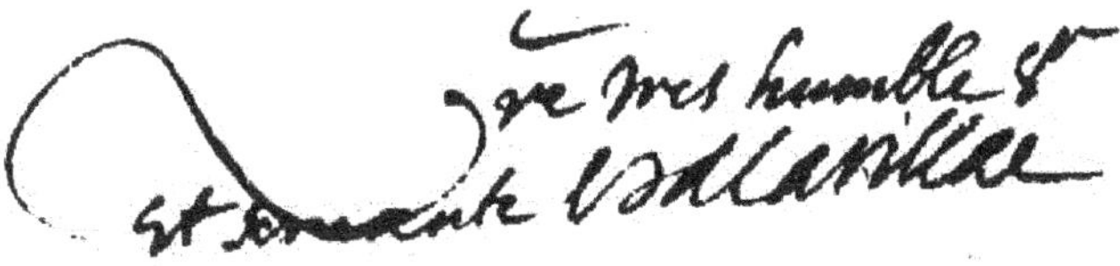

Unterschrift der Louise von Marillac

Anmerkungen

* SLSW L.360.B; 1991:412

1 vgl. EGG 1985:18

2 vgl. BERTELSMANN LEXIKON Band 6, Artikel Heinrich IV; 1987:312

3 http://de.wikipedia.org/wiki/Edikt_von_Nantes

4 vgl. LAFLEUR 1996:20

5 „Die Heilige Liga wurde am 20. Mai 1571 in Rom zwischen dem Papst, Spanien und Venedig geschlossen, um die osmanische Übermacht im Mittelmeer und deren Expansionsstreben zu brechen." (http://de.wikipedia.org/wiki/Heilige_Liga_%281571529)

6 „Die Partei der „Devoten" (Catholiques dévots) trat das Erbe der einstigen katholischen Liga an und fühlte sich als Verfechter der Gegenreformation dem Ideal des päpstlichen Universalismus verpflichtet; sie stellte darum das französische Interesse zurück. Sie fand ihre Anhänger bei der Hofpartei der „Spanier" und in großen Teilen des Klerus. Zu den prominentesten Vertretern dieser Partei gehörten neben der Königin Mutter, Maria de Medici, Gaston d' Orléans, der Bruder Ludwig XIII., der spätere Kardinal Pierre de Bérulle und der Großsiegelbewahrer Michel de Marillac." (EGG 1985:22)

7 vgl. http://de.wikipedia.org/wiki/Kardinal_Richelieu

8 EGG 1985:24

9 http://encarta.msn.com/encyclopedia_761568934_18/France.html

10 EGG 1985:23

11 http://encarta.msn.com/encyclopedia_761568934_18/France.html

12 „Der Begriff fronde entstand um das Jahr 1648. Ursprünglich bezeichnete er eine *Wurfschleuder*, mit der Kinder spielten. Davon leitete sich das Verb fronder ab, das in der Politik verwendet wurde, um gegen den königlichen Hof oder die Regierung gerichtete Meinungsäußerungen zu beschreiben. In den späten 1640er Jahren wurden dann allgemein alle Angehörigen der *Parlaments*, die gegen die Regierung opponierten, als frondeurs bezeichnet. Ende des Jahres 1651 erschienen schließlich *Flugblätter*, in denen die politischen Ereignisse seit 1648 insgesamt mit dem Wort fronde beschrieben wurden und bis zum Ende des 17. Jahrhunderts hatte sich der Begriff in der *Historiographie* fest etabliert.“ (http://de.wikipedia.org/wiki/Fronde)

13 EGG, 1985:27-28

14 VOCKE in: Panorama der Weltgeschichte, Band 1, 1987:186

15 CALVET 1962:15-16

16 CALVET 1962:16

17 KORRESPONDENZ Brief 70; 1960:S.74-75

18 SUDBRACK 1999:56

19 CONZEMIUS, 1984:14

20 EGG 1985:51

21 LAFLEUR 1996:82-83

22 CALVET 1962:18

23 Die Tatsache einer unehelichen Geburt verleitete den ersten Biographen Gobillon, der in Paris der Pfarrer ihrer Pfarrei St. Laurent war, zu der Aussage: „Dieses Kind des Segens erblickte das Licht der Welt zu Paris am 12. August des Jahres 1591 und hatte zum Vater Ludwig von Marillac, Herrn von Ferrières, dessen Namen es in der Taufe erhielt, und zur Mutter Margaretha le Camus“ (GOBILLON 1875:12-13). Die genannte Margaretha le Camus existiert im Stammbaum dieser Familie,

die durch die zweite Heirat des Vaters mit den de Marillac in Verbindung tritt, nicht.

24 SARNEEL 1990:11

25 Hierzu gibt es unterschiedliche Angaben: Calvet spricht von vier Kindern, „drei Knaben und ein Mädchen“ (CALVET 1962:21), ebenso LaFleur (LAFLEUR 1996:30). Richartz benennt drei Kinder (RICHARTZ 1988:10).

26 RICHARTZ 1988:11

27 LAFLEUR 1996:30

28 vgl. CALVET 1962:25f.

29 SARNEEL 1990:12

30 RICHARTZ 1988:12

31 GOBILLON 1875:18

32 vgl. SARNEEL 1990:14

33 CALVET 1962:39-40

34 vgl. CALVET 1962:41

35 RICHARTZ 1988:20

36 Achille d'Attichy, Jesuit

37 SLSW L.96 1991:97

38 vgl. LAFLEUR 1996:35

39 Gobillon schreibt: „Die göttliche Vorsehung, welche Fräulein Le Gras durch die empfindlichen Prüfungen heiligen wollte, fügte es, dass ihr Gemahl drei oder vier Jahre vor seinem Tode häufig erkrankte und dadurch in seiner Gemütsart mehr übel gelaunt und verdrießlich wurde.“ (GOBILLON 1875:26)

40 vgl. SARNEEL 1990:15

41 CALVET 1962:48-49

42 CALVET 1962:52

43 St. Nicolas des Champs - dort erinnert heute eine Gedenktafel an das Pfingstereignis

44 SARNEEL 1990:17-18

45 Vinzenz hatte in den Jahren, als er Hauslehrer der Familie de Gondi war, die Seelenführung der Hausherrin übernommen. Diese forderte seine ungeteilte Präsenz in ihrer Nähe und holte ihn sogar zurück, als er eine Pfarrstelle angetreten hatte.

46 LAFLEUR 1996:39-40

47 KORRESPONDENZ Brief 2; 1960:11-12

48 GOBILLON 1875:33

49 KORRESPONDENZ Brief 10; 1960:20

50 „Die Gondis waren eine der einflussreichsten Familien des Landes. ... Die Gondis waren erst in der zweiten Generation Franzosen. Als unbekümmerte Emporkömmlinge, die sich in weltlichen und geistlichen Besitzungen eine dynastische Hausmacht geschaffen hatten, waren sie in Intrigen und Abenteuer verwickelt, freilich auch beneidet und gefährdet. ... Philipp-Emanuel von Gondi, Graf von Joigny, Markgraf der Iles d'Or, Freiherr von Montmirail, Dampierre und Villepreux, General der Galeeren und Generalleutnant des Königs bei der Levante-Marine, das war der mit Titeln überhäufte Gondi, in dessen Dienste Vinzenz trat. Er sollte sich vorwiegend um die Erziehung der drei Söhne kümmern. Der Jüngste, Jean Francois-Paul, bei seinem Eintritt noch ein Säugling, wird später (1654) als Koadjutor (Hilfsbischof) seines Onkels Erzbischof von Paris." (CONZEMIUS 1984:21).

51 Von diesem Schlüsselerlebnis erzählt Vinzenz selbst: „Ich war seinerzeit Pfarrer in einer kleinen Stadt in der Nähe von Lyon. Eines Sonntags, als ich mich gerade zur heiligen Messe ankleidete, kam jemand zu mir und meldete, in einem abseits gelegenen Haus, etwa eine Stunde von hier, herrsche große Not. Alle darin seien krank, keiner könne dem anderen hel-

fen. Ich kam auch gleich in der Predigt darauf zu sprechen und empfahl die notleidenden Leute liebevoll der Gemeinde. Gott rührte die Herzen meiner Zuhörer und weckte Mitleid in ihnen für diese armen, heimgesuchten Menschen. Nach der Vesper am Nachmittag machte ich mich selbst auf den Weg dorthin. Da sah ich Frauen mit Lebensmitteln hingehen, andere kamen von dort zurück, kurz, es waren so viele Menschen unterwegs, dass man von einer Prozession sprechen konnte. Ich musste mir sagen: Welch große Nächstenliebe! Aber sie ist ungeordnet, haben doch die Armen jetzt zu viel Vorrat auf einmal. Ein Teil davon wird verderben, und bald sind sie der alten Not ausgeliefert. Da brachte mich Gott auf den Gedanken: Diese Frauen könnten sich zusammentun, um aus Liebe zu Gott den armen Kranken zu dienen. So schlug ich in einer Versammlung den Frauen vor, jede möge ihren Beitrag leisten und sich einen Tag zur Verfügung stellen, um das Essen zu bereiten, und zwar nicht nur für diesen einen Fall, sondern für alle, die später Hilfe nötig haben würden. Das war der Anfang der Caritasvereine, die heute in unserem ganzen Lande verbreitet sind." (WdE 1980:62-64)

52 AUCLAIR 1978:84

53 KORRESPONDENZ Brief 20; 1960:27

54 vgl. RICHARTZ 1988:37

55 SLSW A.51; 1991:705-706

56 CALVET 1962:75

57 „Das Wort Tochter (fille) bedeutet in der Sprache der Zeit Magd, Dienerin" (CALVET 1962:122), deutsch: Töchter der christlichen Liebe.

58 KONFERENZEN I/1; 1966: 60

59 RICHARTZ 1998:7 (Vinzenz an eine Schwester in Nantes)

60 SLSW A.44B; 1991:782

61 SLSW 1991:835; Anmerkung: „Das geistliche Testament wurde von den Schwestern wiedergegeben, die Louise von Marillac während ihrer letzten Moment auf Erden beistanden. Es wurde wortgetreu aufgeschrieben."

62 CHARPY 1995:28

63 SARNEEL 1990:87-88

64 Im Titel „Armer" verbirgt sich eine in der biblischen Tradition gewachsene Bedeutungsgeschichte. Zunächst werden als Arme diejenigen bezeichnet, denen das Notwendigste zum Leben fehlt. Da im alttestamentlichen Denken Reichtum als Zeichen des Segens Gottes und als Lohn für gesetzestreues Leben verstanden wird, gilt im Umkehrschluss, dass Armut in Verbindung zu sehen ist mit Schuld und Strafe. Im Lauf der Geschichte tritt hier eine Änderung der Perspektive ein. „Mit dem Auftreten der Propheten und zur Zeit der Babylonischen Gefangenschaft wird der Arme geadelt" (DODIN, 1968, S.21). Daraus entsteht eine eigene Spiritualität der Armen: „In der Sprache der Bibel stehen die "anawim" (= die Armen Jahwes) für den kleinen Rest, worin der Bund Gottes mit seinem Volk zur Fülle kommt und dank dem er fortdauern kann. Ihre Spiritualität entfaltet in reiner und unverkürzter Weise das Verhältnis des Menschen zu seinem Gott und damit auch zu seinem Nächsten und zu sich selbst." (VAN BREEMEN, 1979, S.44-45) Die sich verdichtende Messiaserwartung schaut nach einem solchen Armen aus, und Jesus selbst nimmt für sich den Auftrag an, den Armen die Frohe Botschaft zu verkünden.

65 SLSW A.42; 1991:778

66 SARNEEL 1990:121

67 RICHARTZ 1988:88

68 SLSW A.5; 1991:715

69 Als Quelle werden hier vorrangig Aussagen aus den Konferenzen vom 3. und 24. Juli 1660 verwendet. Der Tradition

gemäß tauschte sich Vinzenz mit den Schwestern über die verstorbene Louise aus und sprach über ihre Tugenden. Diese Konferenzen vermögen die Erfahrung des Zusammenlebens mit Louise sehr unmittelbar wiederzugeben.

70 SARNEEL 1990:92-93

71 KORRESPONDENZ Brief 71; 1960:75

72 KONFERENZEN I/2 1967:94

73 KONFERENZEN I/2 1967:95

74 KORRESPONDENZ Brief 206; 1960:196

75 RICHARTZ 1998:127

76 KONFERENZEN I/2 1967:86-87

77 SLSW A.50; 1991:705; Eine besondere Tiefe bekommt die Erfahrung, die Louise hier beschreibt, wenn wir beachten, dass der 5. Februar ihr Hochzeitstag war.

78 KONFERENZEN I/2 1967:94-95

79 Mit den Begriffen *charité* und *amour* stehen dem Französischen zwei verschiedene Ausdrucksmöglichkeiten zur Verfügung, das deutsche Wort Liebe wiederzugeben.

Die ausführliche Differenzierung und ihr Einfluss auf das Wortverständnis beim Begriff Barmherzigkeit findet sich bei RICHARTZ 1998:130-132.

80 SARNEEL 1990:99-100

81 SLSW L.377; 1991:406

82 SEIDLER, 1993:120

83 Der Humanismus hat seine Wurzeln bereits im Italien des 14. Jahrhunderts. Der Florentiner Francesco Petrarca (1304-1374) war während seines Studiums vor allem über die literarischen Zeugnisse der Antike zu der Überzeugung gekommen, dass in der Rückkehr zu diesen Quellen das „unübertroffene Vorbild“

zu finden sei. Aus diesem Impuls heraus entwickelte sich ein neues Bildungsideal, das der Bewegung des Humanismus wesentliche Konturen verlieh und das klassische Latein zu seiner Sprache machte. (vgl. dazu VOCKE in: Panorama der Weltgeschichte, 1987:232)

84 SULLEROT 1972:53

85 vgl. TWENTS 2002:57

86 SULLEROT 1972:56

87 TWENTS 2002:57

88 MILITELLO 1997: 149-150.

89 CALVET 1962:145

90 RICHARTZ 1988:48

91 SLSW A.56; 1991:789

92 SARNEEL 1990:25

93 SLSW A.1; 1991:690

94 CHARPY 1995:12

95 CALVET 1962:198

96 SLSW L.656; 1991:678

97 KONFERENZEN I/2 1967:101

98 vgl. KORRESPONDENZ Brief 11; 1960:S. 23

99 KORRESPONDENZ Brief 302; 1960:273

100 KORRESPONDENZ Brief 303; 1960: 274

101 SARNEEL 1990:73

102 SLSW L.349; 1991:402

103 RICHARTZ 1998:93

104 SLSW L.605b; 1991:625

105 MARCHL 2004:26

106 SARNEEL 1990:84

107 SLSW L.201; 1991:226

108 SLSW L.578; 1991:604-605

109 SLSW L.97; 1991:107-108

110 SARNEEL 1990:87

111 SLSW A.5; 1991:715

112 SLSW A.55; 1991:726

113 RICHARTZ 1998:74

114 KONFERENZEN I/2; 1960:102

115 RICHARTZ 1998:98

116 SLSW L.118; 1991:127

117 vgl. SLSW A.75; 1991:75

118 zum Ereignis von 1642: SLSW A.75; 1991:768; KONFERENZEN I/1; 1966:53

119 SLSW A.75; 1991:768

120 SARNEEL 1990:126

121 *„Oh wie habe ich danach verlangt, dass er die Kirche unablässig heilige.“* (vgl. SARNEEL 1990:125)

122 SARNEEL 1990:102-103

123 SLSW A.44B; 1991:782

124 SLSW A.14; 1991:784-785

125 SARNEEL 1990:109

126 *„Wir müssen uns innerlich für ein wahres Verständnis des Bußsakramentes öffnen und die Motive, uns ihm zu nähern, sorgfältig abwägen. ... Wir müssen auch eingestehen, dass wir Gottes Gnade zurückgewiesen haben, was ein untragbares*

Übel für die wahrhaft christliche Seele ist. Wenn wir uns einmal unseres Zustandes voll bewusst sind und einsehen, dass die Beichte das einzige Heilmittel für unsere große Not ist, sollten wir unser Gewissen sorgsam erforschen. ... Vor allem müssen wir einsehen, dass wir von uns aus nichts tun können, um die Sünde zu vermeiden und einen Akt liebenden Vertrauens vollziehen, der uns dazu bewegen wird, von Gott die Gnade zu erbitten, in Zukunft immer ernsthafter zu ersehnen ihm zu gefallen. ... Wenn wir in diese Verfassung mit einem Herzen voll Scham eingetreten sind, sollten wir uns zu Füßen des Priesters zeigen wie vor einem Richter. Nachdem wir uns einfach und demütig unserer Sünden angeklagt haben, sollen wir die Lossprechung mit Furcht und Hoffnung erwarten.“ (SLSW M.70; 1991:816)

127 SLSW L.179; 1991:203

128 RICHARTZ 1988:95

129 SLSW M.33; 1991:785

130 SLSW A.8; 1991:718

131 SLSW M.35B; 1991:734-735

132 vgl. 2 Kor 4,7

133 Joh 10,10

134 CHARPY 1995:1

135 EGG 1985:264

136 SLSW M.73; 1991:825-826

137 BAUMGARTNER 1997:543

138 Praktisches Lexikon der Spiritualität; GROSS; 1992:1013

139 vgl. MD 29; 1988:65. Der Beginn der systematischen Auseinandersetzung mit einer „Anthropologie der Frau“ aus Perspektive des Lehramtes kann in der Aussage Johannes XXIII., die Frauenfrage gehöre zu den wichtigsten Zeichen der Zeit,

gesehen werden: Sie hat an Dynamik gewonnen und fand im Zweiten Vatikanischen Konzil folgenden Niederschlag: „Die Stunde kommt, die Stunde ist schon da, in der sich die Berufung der Frau voll entfaltet, die Stunde, in der die Frau in der Gesellschaft einen Einfluss, eine Ausstrahlung, eine bisher noch nie erreichte Stellung erlangt. In einer Zeit, in welcher die Menschheit einen so tiefgreifenden Wandel erfährt, können deshalb die vom Geist des Evangeliums erleuchteten Frauen der Menschheit tatkräftig dabei helfen, dass sie nicht in Verfall gerät." (Botschaft des Konzils; zitiert in MD 1988:5).

In der Tat gibt es in der neueren Lehrverkündigung der Kirche einige markante Dokumente, deren Kerngedanken in die vorliegenden Überlegungen einfließen. Im Mittelpunkt steht dabei das Apostolische Schreiben „Mulieris Dignitatem" (MD), in dem Papst Johannes Paul II. seine Gedanken zu „Würde und Berufung der Frau" darstellt. „Das Dokument bildet einen Meilenstein in der Kirchengeschichte, indem die Frau zum Thema lehramtlicher Verkündigung wird und dabei positive Wertschätzung erfährt" (TWENTS 2002:71). Ergänzend werden der „Brief an die Frauen" vom 29. Juni 1995 und die Aussagen der Kongregation für die Glaubenslehre „Über die Zusammenarbeit von Mann und Frau in der Welt" vom 31.07.2004 herangezogen. Einzelne Aussagen aus dem nachsynodalen Apostolischen Schreiben „Vita Consecrata" vom 25. März 1996 runden den Überblick ab. Nicht zuletzt hat Papst Benedikt den Begriff des „prophetischen Charismas der Frau" aufgegriffen, z.B. in seiner Predigt in Amman am 10.05.2009 (http://www.kath.net/ detail.php?id=22860)

140 HEINZ 1986:258

141 RICHARTZ 1998:77

142 STINGLHAMMER, Skript Anthropologie 2004:35

143 RICHARTZ 1998:124

144 Praktisches Lexikon der Spiritualität; FUCHS; 1992:233

145 MD 5; 1988:13

146 MD 5; 1988:13

147 KRONE 1996:219

148 HEINZ 1986:276

149 MALLONEY 1998:73

150 SLSW A.56; 1991:789

151 Papst Johannes Paul II. beim Angelus am 13.08.1995; zitiert aus TWENTS 2002:226

152 Am 10. Februar 1960 erklärte Papst Johannes XXIII. die heilige Louise von Marillac feierlich zur Patronin aller in der Sozialarbeit Tätigen. Ihm schien es „nützlich zu sein, dass diejenigen, die sich solchen Sozialwerken widmen, einen himmlischen Schutz erfahren, damit sie durch ihn noch besser solche heilbringenden Aufgaben auf sich nehmen.“ (Acta Apostolicae Sedis 1960 (II):556)

153 SLSW L.630; 1991:649

Quellen

ACTA APOSTOLICAE SEDIS LII (1960,II) 556-557; SANCTA LUDOVICA DE MARILLAC, VIDUA, CAELESTIS PATRONA OMNIUM OPERIBUS SOCIALIBUS CHRISTIANIS ADDICTORUM DECLARATUR, übersetzt von H.H. Weihbischof Rudolf Schmid

AUCLAIR, Marcelle: Vinzenz von Paul – Genie der Nächstenliebe; 2. Auflage Freiburg 1978

BAUMGARTNER Isidor: Pastoralpsychologie. Einführung in die Praxis heilender Seelsorge; 2. Auflage Düsseldorf 1997

CALVET, Jean: Luise von Marillac – die unermüdliche Helferin des heiligen Vinzenz von Paul; Luzern 1962

CHARPY, Elisabeth: Beten mit Louise von Marillac; Strasbourg 1995

CONZEMIUS, Victor: Vinzenz von Paul; 3. Auflage Hamburg 1984

COSTE, Pierre (Hrsg.): Konferenzen des heiligen Vinzenz von Paul für die Barmherzigen Schwestern, Band I/1 und Band I/2; ohne Ort 1966; zitiert als „KONFERENZEN I/1 bzw. I/2“

COSTE, Pierre (Hrsg.): Vinzenz von Paul und Luise von Marillac-Briefwechsel; Salzburg 1960; zitiert als „KORRESPONDENZ“

DIE BIBEL Einheitsübersetzung der Heiligen Schrift; 2. Auflage Aschaffenburg 1983

DODIN, André: Die Spiritualität des heiligen Vinzenz von Paul; Fulda 1968

EGG, Gertraud: Die Pädagogik bei Vinzenz von Paul (Dissertation); Innsbruck 1985

GOBILLON, Leben der ehrwürdigen Louise von Marillac, Witwe Le Gras; verbessert und vermehrt von Collet; Graz 1875

HEINZ, Hanspeter: Auf der Suche nach der Sendung der Frau in unserer Zeit. Grundsätzliche pastoraltheologische Überlegungen; in: RAUSCHER, Anton (Hrsg.): Die Frau in Gesellschaft und Kirche. Soziale Orientierung Band 4; Berlin 1986, S. 245-291

KRONE, Wolfgang: Das Geheimnis des Anderen anerkennen- Zur Aktualität einer dialogischen Glaubensvorstellung; in: ENGLERT, Rudolf/ FROST, Ursula/ LUTZ, Bernd (Hrsg.): Christlicher Glaube als Lebensstil; Stuttgart/ Berlin/ Köln 1996, S. 201-222

LAFLEUR, Kathryn B.: Louise de Marillac – a light in the darkness; New York 1996; Wiedergabe in eigener Übersetzung

MALLONEY, Robert P.: Seasons in Spirituality; New York 1998; Wiedergabe in eigener Übersetzung

MARCHL, Sr. Maria-Ruth: Die heilige Louise von Marillac und ihr Amt als geistliche Begleiterin in: Mittel-europäische Gruppe für Vinzentinische Studien (MEGVIS) (Hrsg.) MEGVIS 2004; S. 19-27

MILITELLO, Cettina: Mütter und Geliebte, Nonnen und Rebellinnen-Frauen, die Geschichte machten; Graz 1997

RICHARTZ, Alfonsa Magdalena: Eine ungewöhnliche Mutter; Leutesdorf 1988

RICHARTZ, Sr. Alfonsa: Vinzentinische Spiritualität – Auf dem Weg mit Vinzenz von Paul, Louise von Marillac; Köln 1998

SARNEEL, Sjef: Den Menschen zuliebe. Louise von Marillac- Geistliche Biographie in Selbstzeugnissen; Freiburg/ Basel/ Wien 1990

SCHNELLE, Otto (Hrsg.): Vinzenz von Paul – Worte des Erbarmens; Freiburg 1980, zitiert als: „WdE“

SEIDLER, Eduard: Geschichte der Medizin und der Krankenpflege; 6. Auflage; Stuttgart, Berlin, Köln 1993

Sekretariat der Deutschen Bischofskonferenz (Hrsg.): Verlautbarungen des Apostolischen Stuhls 86: Apostolisches Schreiben Mulieris Dignitatem von Papst Johannes Paul II. über die Würde der Frau anlässlich des Marianischen Jahres; Bonn 1988; zitiert als „MD“

Sekretariat der Deutschen Bischofskonferenz (Hrsg.): Verlautbarungen des Apostolischen Stuhls 166: Kongregation für die Glaubenslehre: Schreiben an die Bischöfe der Katholischen Kirche über die Zusammenarbeit von Mann und Frau in der Kirche und in der Welt; Bonn 2004

Sekretariat der Deutschen Bischofskonferenz (Hrsg.): Verlautbarungen des Apostolischen Stuhls 122: Brief Papst Johannes Pauls II. an die Frauen; Bonn 1995

Sekretariat der Deutschen Bischofskonferenz (Hrsg.): Verlautbarungen des Apostolischen Stuhls: Nachsynodales Schreiben Vita consecrata; Bonn 2004

STINGLHAMMER, Hermann: Perspektiven christlicher Anthropologie: Der Mensch-Wesen von Gott her und auf Gott hin; Skript zur Vorlesung Christliche Anthropologie an der Universität Passau Wintersemester 2003/2004

SUDBRACK, Josef: Gottes Geist ist konkret: Spiritualität im christlichen Kontext; Würzburg 1999

SULLEROT, Evelyne: Die emanzipierte Sklavin: Geschichte und Soziologie der Frauenarbeit; Wien 1972

SULLIVAN, Louise (edit.): Spiritual Writings of Louise de Marillac; translated from the French and edited by Louise Sullivan; New York 1991; zitiert als „SLSW" (Saint Louise Spiritual Writings); Wiedergabe der Zitate in eigener Übersetzung

TWENTS, Simone: Frau sein ist mehr – Die Würde der Frau nach Johannes Paul II.; Buttenwiesen 2002

VAN BREEMEN, Piet: Gerufen und gesandt. Gedanken zur Nachfolge; Würzburg 1979

Nachschlagewerke

DIE GROSSE BERTELSMANN LEXIKOTHEK-PANORAMA DER WELTGESCHICHTE VOCKE, Roland: Die Epoche des Absolutismus; Band 1, S.186-196

VOCKE, Roland: Zeit der Renaissance-Das neue Europa; Band 3, S.232; zitiert als RENAISSANCE, Gütersloh 1987

DIE GROSSE BERTELSMANN LEXIKOTHEK – BERTELSMANN LEXIKON

Band 6: Heinrich IV; Gütersloh 1987
Band 9: Ludwig XIV; Gütersloh 1987

SCHÜTZ, Christian (Hrsg.): PRAKTISCHES LEXIKON DER SPIRITUALITÄT; Freiburg/Basel/Wien 1992

FUCHS, Gotthard: Artikel Dienen/ Dienst; S. 229-237; SEIGFRIED, Adam: Artikel Inspiration; S. 653-656; GROSS, Heinrich: Artikel Prophet/ Prophetismus; S. 1011-1013

RELIGION IN GESCHICHTE UND GEGENWART Handwörterbuch für Theologie und Religionswissenschaft; BEINHAUER-KÖHLER, Bärbel: Artikel Inspiration I. Religionswissenschaftlich; Band 4 (J-K) 4. Auflage Tübingen 2001

Internet

http://de.wikipedia.org/wiki/Edikt_von_Nantes

http://de.wikipedia.org/wiki/Fronde

http://de.wikipedia.org/wiki/Heilige_Liga_%281571529

http://de.wikipedia.org/wiki/Kardinal_Richelieu

http://encarta.msn.com/encyclopedia_761568934_18/France.html

http://encarta.msn.com/encyclopedia_761568934_18/France.html

http://catholique-moulins.cef.fr/src/stvincent.htm

Abbildungen